O ESSENCIAL DA PSICOLOGIA

SIGMUND FREUD (1856-1939)

O ESSENCIAL DA PSICOLOGIA

Título original: *Sigmund Freud*

Texto revisto pelo Novo Acordo Ortográfico da Língua Portuguesa.

Direção geral
Ednaldo Varela (Ado) e Cláudio Varela

Editor responsável
Ednaldo Varela (Ado)

Revisão
Josias A. de Andrade
Marsely de Marco

Capa e projeto gráfico
Lumiar Design

Diagramação
Claudio Braghini Junior

Impressão
Searon Gráfica

Dados Internacionais de Catalogação na Publicação (CIP)
Elaboração Aglaé de Lima Fierli CRB-9 nº 412

F942e
Freud, Sigmund, 1856-1939.
O essencial da Psicologia / Sigmund Freud. - Cotia: Prime, 2023.
128p

ISBN: 978-65-89654-42-1

1. Freud, Sigmund – Biografia. 2. Psicologia. I. Título.

CDD 150.1952

Índice para catálogo sistemático:
1. Psicologia: Sigmund Freud 150.1952
2. Sigmund Freud: Biografia 150.1952092

Boralê! Editora é um selo editorial da empresa Prime Editorial

Prime Editorial LTDA
Avenida João Paulo Ablas, 3100 | Lotes 1 e 2 – Jardim da Glória
06711-250 – Cotia – SP

O ESSENCIAL DA PSICOLOGIA

SIGMUND FREUD (1856-1939)

CAPÍTULO 1
A VIDA DE SIGMUND FREUD

Primogênito de cinco filhos e sob o registro de Sigismund Schlomo Freud, nascia em 1856, em Freiburg, na República Tcheca, o homem considerado por muitos como o maior psicanalista de todos os tempos. Filho de Jacob Freud e Amalie Nathansohn, Freud mudou-se com sua família, em 1859, para a cidade alemã de Leipzig, e, em 1860, para Viena, na Áustria, onde Sigismund tornou-se Sigmund.

Considerado pelos pais um rapaz muito inteligente, Sigmund tinha um quarto próprio de estudos. Pretendia estudar Direito na Universidade de Viena, tendo se preparado praticamente a vida toda para isso, no entanto, acabou se matriculando em Medicina e especializando-se em Psiquiatria – neste mesmo período, ficou noivo de Martha Bernays e também trabalhou no Vienna General Hospital, onde se especializou em anatomia cerebral.

Freud trabalhava no principal hospital de Viena em seus estudos sob os efeitos terapêuticos da cocaína, quando perdeu um colega devido a uma overdose dentro do próprio laboratório. Foi assim que ele foi parar no Hospital da Salpêtrière, em Paris, sob a supervisão direta de Jean Martin Charcot, considerado um dos maiores clínicos da França. Charcot era professor e estudioso da hipnose como forma de tratamento de doenças psíquicas.

Quando retornou ao Vienna General Hospital, Freud estava entusiasmado com os estudos realizados ao lado de Charcot e, desta forma, passou a se dedicar a atender jovens, em sua maioria judias, que sofriam de sintomas neurológicos, como cegueira, paralisia, alucinações e até mesmo mudanças no apetite. Naquela época, o tratamento geralmente compreendia basicamente muito descanso, algumas massagens e hipnose.

Em 1886, Freud casou-se com Martha Bernays. Era sabido que eles eram completamente apaixonados, mas no que tange à jornada intelectual, Martha não o acompanhava. Inclusive, sobre sua mesa havia fotos de três mulheres, nenhuma era Martha. As três companheiras intelectuais de Freud eram a princesa e fundadora da Sociedade Psicanalítica de Paris, Marie Bonaparte; a segunda, Yvette Guilbert, uma famosa bailarina e cantora; e a terceira, Lou Andreas-Salomé, uma das discípulas e parceiras intelectuais de Freud.

Durante esse período, Freud se aproximou profissionalmente do psicólogo austríaco Josef Breuer, com quem viria a escrever o livro *Estudos sobre a histeria*[1], que, na verdade, é considerado como o marco inicial da teoria psicanalítica, tendo como destaque a análise feita com uma das pacientes de Breuer, Bertha Pappenheim, conhecida como Ana O.

Os sintomas apresentados pela paciente surgiram no exato período em que seu pai havia falecido e a faziam sofrer de paralisia com contratura muscular, além de lapsos de cegueira e extre-

1 FREUD, S.; BEUER J. Estudos sobre a histeria. São Paulo: Cia das Letras, 2016.

mas dificuldades para estruturar um raciocínio lógico. Contudo, durante os períodos sem as manifestações dos sintomas, ou seja, quando estava em seu estado natural, ela não conseguia apontar a origem desses estranhos sintomas e ainda encontrava grande dificuldade em se manter sã e lúcida. Ainda assim, conseguia relatar a origem de cada um deles quando em estado de hipnose, sempre relacionando-os à morte de seu pai.

Tendo em vista que os sintomas desapareciam quando a paciente era confrontada com a realidade, devido ao que Breuer chamou de liberação de todas as reações emotivas associadas ao evento que a traumatizou, o psicanalista concluiu, portanto, que os sintomas eram produto de suas memórias perturbadoras que permaneciam adormecidas em sua mente inconsciente e que, ao proporcionar o resgate e trazê-las de volta à realidade, dando voz aos pensamentos que lá habitavam, possibilitou o desaparecimento dos sintomas.

Esse ficou conhecido como o primeiro caso de intensa psicoterapia como tratamento de doença mental – "Método Catártico" foi como Breuer denominou esse tratamento que viabiliza a liberação de afetos e emoções associadas aos acontecimentos traumáticos que não puderam ou não foram expressos na época do trauma.

Freud atuou com Breuer durante certo tempo, quando as discordâncias de Breuer com relação à ênfase dada por Freud nas origens e nos conteúdos sexuais das neuroses resultaram no completo rompimento da parceria entre os dois.

Freud afirmou em sua "*autobriografia (1925)*"[2] que utilizava a hipnose desde o início de sua prática visando descobrir o "gati-

2 *FREUD, S. O eu e o id, autobriografia e outros textos. São Paulo: Cia das Letras, 2011.*

lho" dos sintomas vivenciados pelos pacientes e que, em seguida, passou a utilizar o método catártico. No entanto, afirmou que aos poucos o abandonou conforme foi alterando a técnica de Breuer e passou a utilizar apenas a "concentração", na qual as lembranças surgiam por meio da conversação com os pacientes. Nessa mesma época, por meio de sugestão de uma paciente, abandonou as perguntas realizadas durante as sessões, visando direcioná-las e, em vez disso, passou a confiar a direção da sessão à fala desordenada do paciente.

Após a ruptura com Josef Breuer, devido a discordâncias profissionais, Freud achou outro "porto seguro" em uma nova amizade íntima com Wilhelm Fliess, ocorrida entre 1887 e 1904. Essa relação, anos mais tarde, traria uma enorme contribuição para a história psicanalítica, sendo publicada com o nome *A correspondência completa de Sigmund Freud para Wilhelm Fliess*[3], por Jeffrey Massoun.

Finalmente, Freud havia encontrado alguém que o compreendia na totalidade e aderia às suas ideias, inclusive, quanto à importância da literatura para a reflexão psicanalítica. Sobre isso, Edson Sousa e Paulo Endo, na obra intitulada *Sigmund Freud*[4], disseram:

> "Esse parentesco da Psicanálise com a literatura revela um dos avatares da ciência psicanalítica. O interesse pela produção subjetiva, singular, única e não repetível, cuja riqueza extraordinária só é acessível por via do exercício da linguagem e da experiência alteritária, abre novas perspectivas de

---

3 MASSOUN, J. A correspondência completa de Sigmund Freud para Wilhelm Fliess. Rio de Janeiro: Imago, 1986.

4 SOUSA, E.; ENDO, P. Sigmund Freud. São Paulo: LPM, 2015.

> pesquisa sobre o sofrimento humano. Para Freud, interessava o diálogo com a literatura, e não a literatura em si, como obra acabada. Literatura e Psicanálise como obras abertas. Essa é uma das similitudes a que Freud dá relevo e importância".

Abordando ainda as questões internas de Freud, Sousa e Endo refletem sobre como ele teria cumprido a exigência fundamental da Psicanálise para o analista, isto é, psicanalisar-se.

Segundo Sousa e Endo, a resposta está nas experiências que Freud realiza com regularidade e método. Nesse caso, ele interpretou seus próprios sonhos, o que se iniciou antes mesmo de começar a interpretar os sonhos de seus pacientes e, em seguida, as tão faladas correspondências com Wilhelm Fliess; por último, mas definitivamente não menos importante, o constante diálogo com os escritores e com as obras literárias.

Em 1896, quando vivenciava um período longo e reflexivo em que estudava incansavelmente e praticava a autoanálise, após a morte de seu pai, Sigmund Freud começou a trabalhar no livro *A interpretação dos sonhos*[5].

A obra, todavia, foi publicada apenas em 1900, antecedendo em pouquíssimos meses a sua publicação do livro *Sobre a psicopatologia da vida cotidiana*[6], que abordava os "atos falhos", revelando, por fim, a mente inconsciente.

No livro intitulado *Sigmund Freud*, Edson Sousa e Paulo Endo (2012) elucidam sobre o lançamento do livro *A interpretação dos sonhos*, que apesar de não ter sido muito bem recebido na época

5 FREUD, S. A interpretação dos sonhos. São Paulo: LPM, 2015.

6 FREUD, S. Sobre a psicopatologia da vida cotidiana. São Paulo: Lafonte, 2014.

em que foi lançado (ficou conhecido por ter precisado de aproximadamente oito anos para esgotar a primeira tiragem de cerca de seiscentos livros), hoje tem uma aceitação extremamente diferente:

> "Freud escreveu esse livro movido pela morte de seu pai ocorrida quatro anos antes, e nele revela muitos dos seus sonhos e apresenta essas ideias como produção científica. Um dos célebres e provocativos enunciados desse livro continua vivo até hoje: 'Os sonhos são realizações de desejos'".

Os anos passaram, Freud continuou focado em seu trabalho, e em 1902, tornou-se professor de psicopatologia na Universidade de Viena. Em 1905, publicou *Três ensaios sobre a teoria da sexualidade* e *Os chistes e sua relação com o inconsciente*[7], o que agiu como abertura de caminhos para o crescimento da Psicanálise em si.

Foi em 1920 que Freud perdeu sua segunda filha, grávida do terceiro filho. Ela faleceu decorrente de uma epidemia de gripe. Nesse mesmo ano ele lançou o livro *Além do princípio do prazer*[8]. Foi uma década bastante produtiva, e Freud lançou outros livros, como *O ego e o id (1923)*, a já citada *Autobiografia (1925)* e *O futuro de uma ilusão (1927)*[9].

Na década seguinte, seu trabalho não ficou para trás, pois foi nela que houve o lançamento de *O mal-estar na civilização*[10],

---

7 FREUD, S. Os chistes e sua relação com o inconsciente. Rio de Janeiro: Imago, 2013.

8 FREUD, S. Além do princípio do prazer. São Paulo: LPM, 2016.

9 FREUD, S. O futuro de uma ilusão. São Paulo: LPM, 2015.

10 FREUD, S. O mal-estar na civilização. São Paulo: Penguin Cia das Letras, 2015.

abordando o conhecido e famoso "instinto de morte" e, em parceria com Albert Einstein, *Por que a guerra? (1933)*[11].

O ano 1938 foi marcante para Sigmund Freud e sua família, pois, em razão do regime nazista e da proibição da prática da Psicanálise, e temendo por sua segurança, tiveram que se mudar para Londres.

Em 1939, Freud morre vítima de um câncer, provavelmente originado em sua assiduidade em fumar charutos. O psicanalista lutava contra a doença desde a década de 1920, sempre de forma bastante otimista e até mesmo surpreendente e, em alguns aspectos, muito bem-humorada.

Com o avanço da doença, seus pacientes já não conseguiam mais entendê-lo com clareza. À época da descoberta do câncer, no entanto, Freud realizou um acordo com um ex-paciente que havia se apaixonado por essa área de pesquisa e se tornado membro da Sociedade Psicanalítica de Viena. Esse paciente desenvolveu um carinho e respeito muito grandes por Freud, tornando-se, inclusive, o médico que lhe acompanharia por toda a vida, até o momento da morte.

Esse médico, Max Schur, acordara com Freud que quando a doença lhe tirasse as condições dignas de sobrevivência, o ajudaria a morrer. Schur cumpriu o acordo no dia 23 de setembro de 1939, quando aplicou algumas injeções intradérmicas de morfina no amigo. Freud teve seu corpo cremado posteriormente e suas cinzas depositadas em um vaso que ganhara de sua amiga Marie Bonaparte.

---

11 FREUD, S. Um diálogo entre Einstein e Freud: por que a guerra? Rio Grande do Sul: Fadisma, 2005.

1. FREUD, UM MITO DESCONSTRUÍDO

Entre a excentricidade e a genialidade de Freud, podemos destacar diversos aspectos de suas características ou até mesmo diversas passagens de sua vida dotadas de muita curiosidade e significância. Ele não foi apenas o criador da Psicanálise: também foi pai, marido, amigo, colecionador, inspirador e antagonista. Justamente, são estes pontos não tão conhecidos sobre ele que poderão ser vistos a seguir de forma simples e objetiva, a fim de nos aproximarmos um pouco mais de sua personalidade.

Não é segredo algum que Freud era um grande e impulsivo colecionador, completamente apaixonado por antiguidades e dono de inúmeros sacrifícios para concretizar a aquisição de determinado objeto. Algumas de suas mais queridas coleções, inclusive, podem ser vistas no Museu Freud, situado na casa em que morou em Londres.

Certa vez, Freud classificou quais seriam as três principais humilhações da humanidade:

- A descoberta de Galileu sobre a Terra não ser o centro do Universo.
- A descoberta de Darwin de que os humanos não são o centro da criação, mas sim, tiveram sua origem nos macacos.
- Sua própria descoberta sobre o inconsciente e o fato de não estarmos em pleno comando de nossas mentes como acreditávamos.

Em 1956, durante a comemoração referente ao centenário de seu nascimento, Martin, seu filho, publicou um livro no qual relata detalhadamente alguns aspectos da vida com o pai. Nele, Martin narra emocionado os momentos de brincadeiras e de muita atenção que recebia do pai. Apesar de destacar que Freud trabalhava muito, ele afirma que o pai sempre dava muita atenção aos filhos durante as férias e que, sempre que podia, os colocava nas camas para dormir.

Também não é segredo para ninguém que Freud teve uma filha chamada Anna, a caçula. Anna Freud era considerada a filha mais próxima de Freud e se tornou uma psicóloga conhecida por seus próprios méritos. Uma de suas grandes contribuições foi colocar em prática as técnicas desenvolvidas por seu pai.

No livro *Dia a dia com a família Freud*[12], publicado após a morte da filha caçula, o autor e também psicanalista Detlef Berthelsen relata a completa aceitação de Freud diante do que teria sido um relacionamento amoroso e duradouro (e polêmico para a época) de Anna com a divorciada Dorothy Tiffany-Burlingham.

Cerca de dez anos após a morte de Freud, Martha, sua esposa, também faleceu. Foi quando o biógrafo oficial de Freud, Alfred Ernest Jones, teve acesso à correspondência do casal. Ele encontrou nada menos que mil e quinhentas cartas trocadas entre os amantes que revelam muitas características de Freud ao longo do tempo – apaixonado, inseguro, extremamente inquieto, um tanto sonhador, confiante, com dificuldades financeiras, triste.

Alfred Ernest Jones foi psicanalista e neuropsiquiatra, além de introdutor da Psicanálise na Grã-Bretanha. Todavia, Jones foi mui-

---

12 BERTHELSEN, Detlef. Dia a dia com a família Freud. Rio de Janeiro: Civilização Brasileira, 1996.

to criticado por historiadores, que chegaram a dizer que sua biografia sobre Freud era cheia de imperfeições e falsidades. Sousa e Endo (2012) relatam uma passagem delicada de Freud em uma das cartas a Martha em que ele filosofa sobre o amor:

> "Suponha simplesmente, querida menina, que o sucesso correspondesse precisamente ao mérito do indivíduo: o amor não se exporia a perder um pouco da sua pureza? Eu não teria certeza se seria a mim que você amava ou ao meu prestígio, e se me sobreviesse um infortúnio, minha namorada, você poderia dizer: 'Não te amo mais, teu desmerecimento ficou provado'. Seria tão horrível como no mundo dos uniformes, onde cada um usa seu mérito escrito no colarinho e no peito".

Dentre os diversos problemas vividos em seu relacionamento, Freud buscou reconhecimento e prestígio em cada sucesso, elogio ou nova publicação em que dividiu com Martha, até porque isso significava que teriam melhores chances de vida. Nas cartas, inclusive, havia um lado diferente de Freud. Um lado idealista, caridoso. Nelas, ele conversava com sua esposa sobre alguns pacientes que atendia sem custo algum, pois tinham uma condição financeira delicada.

Em uma das cartas encaminhadas ao seu médico otorrinolaringologista e amigo Fliess, Freud relata um episódio classificado como marcante em sua vida e que demonstra como algumas lembranças da infância podem estar diretamente ligadas aos acontecimentos futuros.

Na carta, Freud relata que aos sete anos de idade urinou no quarto dos pais e que seu pai, extremamente irritado, teria exclamado: "Este menino nunca vai ser nada na vida!". O ressentimento de Freud se estendeu ao longo dos anos e ele conta que constantemente sonhava com a mesma cena do quarto dos pais. Em seguida, lhe vinham imagens de algumas de suas conquistas, gerando uma espécie de autoafirmação, provando a si mesmo que venceu na vida.

Já nas cartas endereçadas ao genro Max Halberstadt, Freud relatou sua angústia e, principalmente, seu pesar pela morte de sua filha Sophie – o assunto seria abordado novamente em cartas à sua mãe, com mais calma, mas ainda assim reforçando a permissão para chorar a perda de sua querida filha.

Sousa e Endo (2012) transcrevem fragmentos de uma carta de Freud referindo-se à perda de sua filha. Nesta carta, ele busca claro conforto nas palavras dos clássicos literários Schiller e Goethe, enquanto demonstra desamparo:

> "A morte, dolorosa como é, não afeta minha atitude diante da vida. Durante vários anos fui preparado para a perda de nossos filhos, e agora é a nossa filha, descrente inveterado, não tenho ninguém a quem acusar, e compreendo que não há lugar onde eu pudesse apresentar queixa. 'A hora do dever, sempre igual e que ainda volta' (Schiller) e 'O caro e lindo hábito de viver' (Goethe) farão sua parte para deixar tudo prosseguir como antes".

As cartas seguidas da morte de sua filha foram um tanto quanto desanimadoras para as pessoas que estavam tão envoltas em cartas e textos pautados no bom humor, que era uma característica marcante em Freud.

Na época vivida por Freud, a cocaína foi item presente em seu dia a dia. Naquele período, o uso da substância era livre e as pessoas a consumiam com chás, em cápsulas e até mesmo na composição de produtos, como a Coca-Cola, que teve a sua fórmula criada pelo farmacêutico norte-americano John Stith Pemberton, buscando alívio nas dores dos ferimentos obtidos durante a Guerra Civil.

Em algumas cartas, o psicanalista relatava justamente a sensação que tinha ao consumir cocaína, principalmente, nos momentos de maior desamparo, angústia e mesmo de depressão.

Freud fundou ainda a Sociedade de Psicanálise em Viena, por onde exerceu muita influência na formação dos profissionais da época. No entanto, aos poucos, a Sociedade se dividiu em três linhas:

- Freudianos (fiéis às concepções de Freud).
- Neofreudianos (utilizavam as ideias de Freud em uma prática mais ampla).
- Kleinianos (seguidores de Melanie Klein, psicanalista austríaca que desenvolveu métodos paralelos aos de Freud, tendo, inclusive, feito duras críticas sobre um dos livros de Anna Freud).

Freud teve que enfrentar (e enfrenta até hoje) a distorção de sua teoria. Sobre esse assunto, de forma sucinta, o escritor e jornalista Antonio Carlos Olivieri aborda em seu texto, publicado em 2006, *Qual a contribuição da Psicanálise para o ser humano?*, seguido de pertinentes esclarecimentos conceituais:

> "Mais importante do que embarcar nessa discussão é descrever os fundamentos da doutrina psicanalítica e apresentar as principais contribuições que ela fez à ciência e à filosofia

desde o seu surgimento. Afinal, Freud e a Psicanálise se popularizaram de tal forma que suas ideias são muitas vezes veiculadas de modo errôneo e distorcido, como tudo que passa por um processo de grande divulgação, em especial numa sociedade de massas como a nossa.

Pois bem, o que é a Psicanálise, então? Em primeiro lugar, uma teoria que pretende explicar o funcionamento da mente humana. Além disso, a partir dessa explicação, ela se transforma num método de tratamento de diversos transtornos mentais.

São dois os fundamentos da teoria psicanalítica: 1) Os processos psíquicos são em sua imensa maioria inconscientes e a consciência não é mais do que uma fração de nossa vida psíquica total; 2) os processos psíquicos inconscientes são dominados por nossas tendências sexuais".

Com este breve texto, Antonio Carlos consegue prestar esclarecimentos e proporcionar um serviço informativo e esclarecedor. Ainda mais se for levado em consideração que hoje, dez anos depois, a internet está ainda mais difundida e constantemente informações incorretas e afirmações inverídicas são atribuídas às mais diversas celebridades – que muitas vezes nem estão mais vivas para poder esclarecer, fazendo desta, a nossa função.

2. TEORIAS, OBRAS E AMIGOS

Em 1920, Freud publicou o texto *Mais além do princípio do prazer*[13], em que introduz a teoria de que os indivíduos são movi-

13 FREUD, S. Um teoria sexual; metapsicologia, mais além do princípio do prazer. Rio de Janeiro: Delta, 1959.

dos pelas pulsões de morte e vida. Nesse texto, ele trata mais profundamente a experiência do trauma, utilizando como exemplo os sonhos traumáticos dos soldados sobreviventes à guerra.

No texto A *negação*[14], publicado em 1925, Freud fala das investigações da linguagem. Por exemplo, em diversos momentos uma negação pode corresponder apenas a uma afirmação disfarçada. Falou ainda sobre a censura e os disfarces que produzimos como construção de nossos sonhos e como alimentamos a negação como forma de defesa contra algo que nem sempre sabemos do que se trata, mas que, de certa forma, nos aflige e tem o poder de dominar nossa vida em aspectos maiores e mais profundos do que nós algum dia poderemos saber ou mesmo imaginar.

Freud abordou bastante o meio como utilizamos equivocadamente as figuras de linguagem buscando nos proteger da verdade, onde um *não* pode ser um *sim* e um *sim* pode ser um *não*. Seguindo essa linha de raciocínio, ele afirmava que os sonhos podem ser o resultado de construções de imagens manipuladas pela censura e exatamente por esse motivo se faz necessário interpretá-los, para, de alguma forma, entender melhor o inconsciente. Pois, como ele mesmo afirmou, o "inconsciente se manifesta por meio de lapsos, sonhos e sintomas, sempre de forma enigmática".

Se pudéssemos lembrar, entender e até mesmo interpretar nossos sonhos, provavelmente teríamos uma vivência similar, isto é, provavelmente nos veríamos confrontados com algo que não esperávamos, mas que em algum momento imaginamos viver ou mesmo fazer.

---

14 FREUD, S. A negação. São Paulo: Cosac naify, 2014.

Como já demonstrado, Freud passou muitos anos elaborando e entendendo seus sonhos até conseguir, por fim, expô-los no livro A *interpretação dos sonhos*. Ele começou a escrevê-lo pouco tempo após a morte de seu pai, uma época conturbada e perturbadora emocionalmente, que desencadeou sonhos no mínimo interessantes e que contribuíram para o enriquecimento de sua pesquisa.

Com o sucesso e o reconhecimento profissional, ainda que não da forma como é hoje, veio o contato com diversas personalidades. Quando pensamos em Freud ou mesmo na Psicanálise, geralmente só conseguimos associá-lo a outros psicanalistas. Entretanto, Freud viveu na mesma época que outras figuras conhecidas e, em alguns casos, eles até se conheceram e viveram momentos curiosos.

Quando Sigmund Freud vivia exilado em Londres, ele estava doente, com muitas dores e era perceptível que estava perdendo a luta contra o câncer, mas ainda assim, continuava clinicando e recebendo visitas dos colegas psicanalistas e de tantos outros artistas, famosos e anônimos.

Uma dessas visitas foi a do pintor surrealista Salvador Domingo Felipe Jacinto Dali i Domènech, ou simplesmente, Salvador Dali, que lhe fez um lindo desenho em que retratou Sigmund Freud na clássica posição de "pensador", com a mão direita apoiada embaixo do rosto, mostrando um olhar terno e sereno.

Voltando a 1927, na cidade de Berlim, por intermédio de seu filho mais novo, Freud conheceu o físico Albert Einstein. Antes mesmo desse encontro, decorrente de uma admiração profissional mútua, os dois já haviam trocado correspondências ao longo dos anos.

Em mais uma das inúmeras trocas de experiências e pensamentos entre Sigmund Freud e Albert Einstein, o pacifista lhe questionou sobre um assunto que Freud havia abordado na década de 1920. Einstein queria saber se uma das importantes causas da guerra não seria o "desejo de ódio e de destruição" que o homem carrega em si, reforçando a teoria de Freud sobre as pulsões de vida e as pulsões de morte.

Ele aborda, ainda, o posicionamento dos soldados que se enfileiram e arriscam suas vidas enquanto seguem marchando e destruindo as vidas de outras pessoas em prol do interesse de terceiros. Será que haveria uma possibilidade, ainda que pequena, de controlar a mente dos homens para torná-los imunes às psicoses, imunes ao ódio e à destruição?

Provavelmente, Einstein havia lido o texto publicado por Freud em 1921, *Psicologia das massas e análise do eu*[15], em que Freud analisa as razões profundas e submersas em que ocorre o apoio das massas ao líder e as razões de sua adesão cega à causa que, por vezes, não é do entendimento parcial ou pleno do indivíduo.

Freud lhe respondeu dizendo que a guerra nada mais é do que um fracasso conjunto, humanitário, estético e civilizatório. O que prevalece jamais é a força do indivíduo, mas sim, a violência da comunidade.

Em 1932, Freud passou a integrar um grupo formado por intelectuais pacifistas vinculados à Liga das Nações, ou seja, o Instituto Internacional para a Cooperação Intelectual, que seguia instruções do Comitê Permanente para a Literatura e as Artes da Liga das Nações.

---

15 FREUD, S. Psicologia das massas e análise do eu. São Paulo: LPM, 2013.

3. COMO AS GRANDES GUERRAS MUNDIAIS INFLUENCIARAM SUA VIDA E O PENSAMENTO ANALÍTICO

Quando finalmente ingressou na universidade, em momento algum Freud imaginou – ou ao menos acreditou – que deveria ter vergonha de sua origem, mas foi exatamente por ter sido colocado em uma condição de inferioridade e pela discriminação que sofria que ele realmente acreditava ser dotado de certa independência de juízo.

Sigmund Freud não apenas testemunhou a primeira das grandes guerras mundiais, mas a sentiu de perto. Três de seus filhos foram alistados (Martin, Ernst e Oliver), tendo acompanhado também a convocação militar de diversos amigos, médicos psicanalistas, além de ter vivido a redução chocante de pacientes e de discípulos, o que também diminuiu drasticamente sua condição financeira.

Em uma carta enviada ao amigo Ernest Jones, em 1914, Freud relata seu desolamento atendendo a um único paciente e relata que os periódicos estavam sendo extintos e, com eles, a contribuição de Alfred Adler e de Carl Jung ao movimento. Ele acreditava que a pobreza e o desamparo estariam a cada dia mais próximos de escancarar as portas de sua realidade.

Como era comum a ele, aproveitou esse marasmo causado pela ausência de pacientes fazendo com que o ano de 1915 fosse produtivo no que concerne à elaboração de textos. Algumas dessas ideias escritas nesse período difícil são consideradas as melhores de Freud.

No ano seguinte, a luta travada por ele buscava manter abertos os periódicos de Psicanálise. Mas não obteve êxito nessa empreitada com o fechamento da fronteira entre a Áustria e a Alemanha, fato que impossibilitou até mesmo a concretização de congressos de Psicanálise que ele vinha organizando com colegas psicanalistas.

O peso da guerra definitivamente chegou à sua família, e apesar de seus três filhos terem regressado a salvo para casa, seu genro Max Halberstadt foi ferido e dispensado do exército, e seu sobrinho, filho único de sua irmã Rosa, foi morto na Itália.

Finalmente, em 1918, sua situação financeira se estabilizou novamente, mas o que pudemos acompanhar em correspondências com Lou Andréas-Salomé era um homem extremamente abalado pela guerra. Se ele esperava obter uma resposta esperançosa, recebeu, em contrapartida, uma mensagem da senhora Lou dizendo-lhe ter receio de que nunca mais se encontrariam novamente.

É de senso comum que o final da guerra foi desolador, principalmente para os países vencidos, pois sofreram inúmeras humilhações e tiveram que viver uma situação nunca antes imaginada. Na Alemanha, o sentimento de ódio e humilhação ganharia força e culminaria na eleição de Adolf Hitler como chanceler alemão em 1933, trazendo com ele a liderança do Partido Nazista Alemão.

O Partido Nacional Socialista alemão disseminou uma série de práticas antissemitas em todos os lugares, dando início a uma onda imensa de violência e terror pela Europa contra os judeus, negros, deficientes e qualquer um que se opusesse às práticas do Reich. A Alemanha e a Áustria, locais onde Freud viveu grande parte de sua vida, foram logo afetadas por esse momento escuro da história mundial.

Em 1933, Hitler tornou-se chanceler e imediatamente determinou a incineração pública de livros na Alemanha, tendo como alvos principais os livros de políticos e intelectuais judeus e de esquerda, dentre eles, claro que estavam os livros de Freud, Einstein, Marx, Kafka, entre muitos outros.

Esse tempo histórico obscuro originou um momento em que o humor peculiar de Freud se manifestou em um conhecido comentário direcionado a Ernest Jones: "Que progresso está acontecendo! Na Idade Média, teriam queimado a mim, hoje em dia contentam-se em queimar meus livros". Ainda nesse ano, muitos judeus e intelectuais de esquerda deixaram Viena, mas Freud negou os apelos de praticamente todos os seus amigos para que ele deixasse a cidade.

Após a implantação do programa de extermínio ocorrido na Segunda Guerra Mundial, conforme o regime nazista se alastrava, Freud registrou em cartas o receio de não sobreviver por muito mais tempo.

Em 1938, a Áustria foi totalmente tomada pelos alemães e as práticas nazistas estavam mais fortes do que nunca. Viena, então, não era mais um lugar seguro para Freud e seus familiares, que precisaram da ajuda de vários amigos, discípulos e admiradores, todos empenhados em transformar sua segurança em um assunto internacional. Sua residência era vigiada 24 horas por dia e chegou a ser invadida mais de uma vez por saqueadores que sempre eram tratados de forma irônica e desdenhosa por Freud e sua esposa, Martha.

Naquele regime absurdo, os periódicos de Psicanálise eram proibidos, e naquele mesmo ano o primogênito de Freud, Martin, foi detido e levado por soldados nazistas para prestar esclarecimentos por ter sido encontrado destruindo os comprovantes na editora criada por Freud. Martin foi ameaçado com armas, mas a situação ficou ainda mais dramática quando a filha caçula de Freud, Anna, foi detida e quase vítima de um fuzilamento.

Com a ajuda da sobrinha-bisneta de Napoleão (a escritora, psicanalista e grande amiga de Freud, Marie Bonaparte), que não poupou esforços e nem dinheiro para ajudar a popularizar a Psicanálise, e com a ajuda de Ernest Jones e do embaixador dos Estados Unidos na Rússia, William Bullit, Freud e sua família finalmente conseguiram deixar a Áustria.

Em sua lista de adeus ao território austríaco estavam sua mulher, seus filhos, sua cunhada, duas assistentes, seu médico pessoal (com sua família) e até seu cachorro. No entanto, nem todos os parentes listados puderam deixar o país, como suas quatro irmãs Marie, Rosa, Adolfine e Pauline, já com idades avançadas. Segundo relata o romance ficcional A *irmã de Freud*[16], o autor Goce Smilevski conta que Freud poderia tê-las salvado, mas na verdade, conscientemente não o fez, o que gerou grande polêmica e questionamentos por parte de seus admiradores.

Durante a guerra, um incontável número de judeus foi aniquilado, aliás, os números correspondentes à quantidade de mortos na guerra sempre foram controversos, até porque muitas mortes não teriam como ser registradas. Entretanto, é estimado que a Segunda Guerra Mundial matou aproximadamente 60 milhões de pessoas, dentre elas, acredita-se que cerca de 6 milhões eram judeus e outros 5 milhões eram homossexuais, eslavos e ciganos.

---

16 SMILEVSKI, G. A irmã de Freud. Rio de Janeiro: Bertrand Brasil, 2014.

Freud, contudo, sobreviveu à dantesca dominação do Partido Nazista e, como vimos, sucumbiu vítima do câncer com o qual lutava desde a década de 1920, não vendo, portanto, o resultado final da Segunda Guerra Mundial, cuja duração oficial foi do ano de sua morte (1939) até 1945.

CAPÍTULO 2
A RELAÇÃO DOS SONHOS COM O INCONSCIENTE DA MENTE

Enquanto trabalhava com pacientes com sintomas de psicose, Freud passou a se interessar pelos sonhos ao perceber que eles poderiam ser mais sintomas a serem acrescidos no momento do entendimento da condição individual de cada paciente – os sonhos também identificavam, durante o processo, o estado de saúde mental do paciente analisado.

Na época de Freud os sonhos eram considerados o resultado de "excitações sensoriais", ou seja, acreditava-se que o resultado dos nossos sonhos era baseado nas ações que aconteciam no externo. Por exemplo, quando sonhamos que estamos com frio pode ser resultado de uma corrente de vento que tenha entrado em nosso dormitório, assim como quando sonhamos que estamos sem roupa em público seria o resultado dos nossos lençóis escorregando por nosso corpo enquanto caem no chão.

Apesar de crer que em algumas situações essa explicação poderia se adequar, Freud não se convenceu que isso serviria em todos os casos. Ou seja, para ele, essa teoria não explicava outras situações que ele buscava entender, como no caso de sonhos que contemplam dimensões éticas, situacionais e até morais, que por diversas vezes compõem nossos sonhos. Como sonhos desse teor seriam moldados por situações externas?

Segundo Freud, "A interpretação dos sonhos é a principal via de acesso para se conhecer as atividades inconscientes da mente".

Após interpretar e categorizar suas conclusões de mais de mil sonhos, Sigmund Freud escreveu *A interpretação dos sonhos*. Após essa análise, ele concluiu que quase todos os sonhos são realizações de desejos e que, sobretudo, os sonhos podem ter múltiplas camadas de significados, onde vemos algo ou estamos em algum lugar que na verdade signifiquem outra coisa ou lugar.

Para ele, os sonhos são sempre sobre o *self*, onde geralmente se manifestam impressões relacionadas aos dias mais recentes, às histórias mais frescas em nossa memória e que ocupam mais nossos pensamentos. Entretanto, eles podem também acessar as memórias da infância, talvez por um lembrete momentâneo ou por algo mais profundo e enraizado. Segundo o pai da Psicanálise, todos os sonhos representam realizações de desejos internos e, quanto mais palatável for tal desejo para nossa mente consciente, mais distorcido ele será em nossos sonhos.

Com os estudos aprofundados, Freud concluiu, portanto, que os sonhos podiam ter influência de ações externas (físicas), como também ter influência das memórias do dia ou mesmo distantes, lá no início da infância. Essa soma cria o verdadeiro significado do sonho, mas não necessariamente seria a causa dele em si. Para ele, os sonhos nada mais seriam do que um espaço, como um campo aberto ou mesmo uma arena em que as pessoas utilizariam como meio para manifestar seus desejos mais profundos que, em grande parte, se manifestam de forma codificada. Mas Freud queria mesmo era saber o porquê de tudo isso.

Novamente, dentro de suas análises, chegou a concluir que como somos parte de uma sociedade e geralmente convivemos com medo dos julgamentos alheios, os seres humanos reprimem seus desejos tão fortemente que, mesmo manifestados em sonhos, tais desejos às vezes só conseguem nos alcançar quando permanecem disfarçados em alguma instância – chegando até mesmo a se manifestar de forma oposta ao que desejamos, devido ao fato de estarmos em negação em relação a esse desejo específico, querendo escondê-lo de terceiros e, principalmente, de nós mesmos.

Freud nominou esse fenômeno de "distorção do sonho".

Dentre diversas situações analisadas no âmbito mais profundo dos sonhos,

Freud considerou que a razão principal para esquecermos tão facilmente nossos sonhos era devida ao fato de o eu consciente querer reduzir o impacto causado pelo inconsciente. O que não seria nenhum absurdo, tendo em vista a gravidade ou mesmo a intensidade de alguns sonhos que temos ao longo de nossas vidas.

Para ele, os sonhos são sempre autocentrados. Ou seja, mesmo quando sonhamos com outras pessoas, elas simbolizam apenas nós mesmos ou o que elas significam para nós. Quando sonhamos com estranhos, desconhecidos ou quando não conseguimos efetivamente identificar a pessoa no sonho, ela seria uma parte de nosso eu que não conseguimos expressar quando estamos acordados.

Tom Butler-Bowdon (2012), em *50 grandes mestres da Psicologia*[17], afirma que:

---

17 BUTLER-BOWDON, T. 50 grandes mestres da Psicologia. São Paulo: Universo dos Livros, 2014.

> "Na cosmologia de Freud, a civilização mal conseguiu colocar uma tampa em nossos instintos, e o sexo era o mais poderoso destes. Sonhos eram então muito mais do que entretenimento fútil noturno – ao revelar nossas motivações inconscientes, eles eram a chave para o entendimento da natureza humana".

Freud foi centro de muita polêmica, principalmente nos Estados Unidos, pois consideravam que ele estava atacando o direito ao livre-arbítrio dos seres humanos. Os norte-americanos rechaçavam a afirmativa de que nenhum ser humano está no comando de sua própria mente tanto quanto se imaginava até então. Para eles, era uma afronta de Freud supor que os sonhos eram realmente o melhor método pelo qual poderíamos de uma vez por todas entender a real natureza humana.

O olhar de Freud para o significado e para o funcionamento dos sonhos foi fruto de uma profunda pesquisa. Ele mesmo se surpreendeu com o quanto se tinha escrito sobre sonhos antes dele. Freud começou seu livro com uma larga pesquisa da literatura deste assunto, partindo do filósofo Aristóteles, passando pelo físico Louis Alfred Maury e chegando ao filósofo Ludwig Strumpell. Nestes estudos, ele pôde concluir que apesar de ser um assunto de interesse há milhares de anos, a compreensão no âmbito científico nunca obteve muito avanço.

Com seu interesse nos sonhos tendo sido despertado devido ao seu trabalho com pessoas com psicoses, ele conseguiu perceber que o conteúdo efetivo dos sonhos era um bom indicador do estado de saúde mental de seus pacientes, fazendo com que os sonhos, portanto, se tornassem novos sintomas passíveis de interpretação.

Enfim, dentre os milhares de sonhos que Freud interpretou clinicamente na época em que veio a escrever A *interpretação dos sonhos*, destacam-se as principais conclusões obtidas:

- Quase todos os sonhos atuam como "realizadores de desejos", ou seja, os sonhos revelam um desejo profundo que espera emergir e ser realizado.
- Apesar de os sonhos terem uma reputação de serem fantasiosos e aleatórios, para Freud, eles contam uma "história", ainda que utilizando de pessoas distintas, eventos até desconhecidos e sensações diversas, pois buscam unificar tudo isso.
- Freud afirmou que os sonhos possivelmente têm camadas múltiplas de significado e, portanto, podem conter em uma única imagem uma série de ideias distintas que podem se deslocar facilmente, isto é, uma pessoa conhecida pode facilmente se tornar outra assim como uma casa familiar pode ter uma finalidade diferente e, claro, um ambiente totalmente estranho também pode trazer uma sensação familiar.
- Ainda segundo ele, o método utilizado para a seleção de memórias em nossos sonhos é completamente diferente de quando nossa mente está em vigília. Quando sonhamos, geralmente os sonhos são capazes de trazer não os eventos grandes em si, que vivemos, mas sim, detalhes que passaram despercebidos pela mente em vigília, fazendo muitas vezes com que tudo tenha sentido ou não.
- E apesar de geralmente os sonhos utilizarem impressões referentes aos dias mais recentes, eles também têm acesso às memórias de infância, dos primeiros anos de vida do indivíduo.

1. A BUSCA DE FREUD PELO LABIRINTO DO INCONSCIENTE

Definitivamente o inconsciente pode ser descrito como um dos conceitos mais intrigantes dentro da Psicologia, pois nele armazenamos nossas memórias, nossos sentimentos e também nossos pensamentos. Nele, parecem estar as nossas experiências acerca da realidade, mas, ao mesmo tempo, parece tudo estar fora de nosso controle e de nossa percepção.

Esse tema tão complexo e pouco conhecido pela Psicologia de sua época fez com quem Sigmund Freud se encantasse e buscasse descobrir se era possível explicar coisas que pareciam realmente ser mais complexas do que poderia ser explicado.

Freud logo percebeu que todos aqueles que haviam demonstrado interesse e pesquisado a fundo sobre o inconsciente temiam que nele estivesse contida uma atividade psíquica mais poderosa do que um dia foi imaginado, o que seria incompreensível demais para conseguirmos incorporar à nossa mente consciente.

O pioneirismo de Freud nesse tema permitiu-lhe classificar a estrutura da mente como formada pelo consciente, inconsciente e pré-consciente, tornando popular a ideia do inconsciente e introduzindo ao grande público a noção de que essa seria a parte de nossa mente que explica e também que define todos os mecanismos que nos permitem pensar e sentir.

Segundo Freud, o consciente existe em um nível superficial, ao qual temos um acesso simples e fácil, literalmente, imediato, porém, o estado ativo da consciência – a chamada mente em vigília

– seria apenas uma fração da totalidade das forças que temos em nossa realidade psicológica.

Sob o estado consciente permanecem as diversas armazenagens do inconsciente, que ditam nossos comportamentos. Ou seja, o consciente totalmente à mercê do inconsciente. Usando a metáfora do iceberg, o consciente é a ponta e o inconsciente tudo aquilo que está debaixo d'água e que não vemos a olho nu.

Freud afirmou que o inconsciente abrange absolutamente tudo, tendo dentro dele uma dimensão para o consciente, tudo aquilo que mantém um saber ativo; e uma outra dimensão para o que ele chamou de pré-consciente, que abrange, na verdade, lembranças de nossa memória que não habitam nossa memória cotidiana, mas que não foram reprimidas e estão, portanto, ainda dentro do consciente, nessa outra "dimensão", podendo vir à tona para a consciência a qualquer momento sem repressão.

Já o inconsciente é formado por memórias poderosas, e as reprime por serem dolorosas demais, ameaçando inundar nossa psique. Assim, elas são retiradas da memória acessível pela mente consciente e transformadas, desta forma, em inconsciente. Freud designou o termo "recalque" para situações em que o consciente não consegue lidar com algum pensamento.

Estas repressões de pensamentos e ideias podem estar ligadas a fatos concretos também, como em casos de vítimas de abusos, estupros ou até mesmo de acidentes. E por que não em casos de vontades consideradas imorais ou as quais o indivíduo não se sinta pronto para aceitar, trabalhar ou viver? Um exemplo é o caso em que o indivíduo sente-se atraído sexualmente por um ente querido ou pela esposa do melhor amigo, pois todas essas emoções e ideias podem ameaçar nosso bem-estar ou mesmo o nosso modo de viver. Nesse caso, o consciente trabalharia para reprimir essas emoções no inconsciente.

Em meio a todos os pensamentos, suposições e afirmações de Freud, vieram os questionamentos e, em pouco tempo, uma polêmica formava-se em torno do tema "a afirmação da existência do inconsciente". Afirmar que os seres humanos não possuíam o controle pleno sobre suas mentes, como se acreditava ter, gerou embates pelo mundo todo, mas principalmente nos Estados Unidos.

Ainda no inconsciente, segundo Freud, habitam as pulsões instintivas biológicas que orientam nosso comportamento e nos direcionam para as opções que poderiam satisfazer nossas necessidades básicas, garantindo assim nossa sobrevivência: a necessidade de se alimentar (comida e água), a necessidade de encontrar calor e abrigo e, claro, o desejo sexual que atua como perpetuador da espécie.

No entanto, envolto em mais polêmica, Freud afirma que existe uma pulsão contraditória – a pulsão de morte. A pulsão de morte estaria presente desde o nascimento do indivíduo, seria autodestrutiva, mas nos levaria para frente, mesmo que assim nos direcionasse para o rumo da morte.

Freud disse: "A mente é como um iceberg que flutua com um sétimo de seu volume acima da superfície". Ou seja, mais uma vez ele reforça afirmações sobre a existência do inconsciente e do pré-consciente.

Com o passar do tempo, conforme mostrado anteriormente, Freud distanciou-se do conceito de estruturação da mente como consciente, pré-consciente e inconsciente, propondo, portanto, uma nova estrutura: o id, o ego e o superego, inspirado pela cultura grega, mais precisamente, pela doutrina platônica.

Por meio dessa nova estrutura, Freud os classificou da seguinte forma:

- Id – Regido pelo Princípio do Prazer, com a função de descarregar as tensões biológicas, corresponde à necessidade de imediatismo quanto à satisfação de nossos desejos, voltados para a preservação e propagação da vida; corresponde à alma concupiscente do esquema de Platão.
- Ego – Regido pelo Princípio da Realidade, lida com a estimulação interna, ou seja, da própria mente, mas também com os estímulos do mundo exterior. Racionaliza a favor do id, mas sendo governado pelo Princípio da Realidade, corresponde à parte racional de nossa alma, segundo o esquema platônico. É por meio dele que é sabido que não podemos ter tudo o que desejamos, pois devemos considerar o mundo em que vivemos, mas ainda assim, o ego "negocia" com o id para buscar alternativas para conseguir o que deseja sem que haja consequências negativas. Corresponde, ainda, à parte perceptiva e à inteligência que devem, em um adulto comum, conduzir todo nosso comportamento, satisfazendo as exigências do id e do superego, sem excessos do prazer e também, sem a imposição de limitações exageradas que impeçam o gozo da vida. Ou seja, o ego é a consciência, subtraída aos desejos do id e à repressão causada pelo superego que, se submetido ao id, pode tornar-se imoral e destrutivo e,

se submetido ao superego, provavelmente enlouquecerá de tanto desespero, devido ao fato de viver em uma insuportável insatisfação por não submeter-se à realidade do mundo.

- Superego – É o vigilante da moralidade, pois contém os valores morais e atua como juiz desses valores, corresponde aos "vigilantes" da teoria de Platão. O superego também é inconsciente e faz a censura dos impulsos sociais e culturais que proíbem o id, de satisfazer completamente seus impulsos e desejos. Funciona como impulsor da repressão e manifesta-se como um conjunto de interdições e deveres, a necessidade de apresentar-se como "eu ideal", como uma pessoa boa, moral e caridosa. Segundo Freud, ele se desenvolve entre os seis e os sete anos de idade e o início da puberdade, durante o período de latência, quando se forma nossa personalidade social e moral. Portanto, o ego é controlado pelo superego, que reflete na verdade a moral da sociedade, aquela voz interior de nossos pais nos dizendo o que é certo e o que é errado, sendo, portanto, a força da consciência, da possibilidade de culpa e do sentimento da vergonha.

Segundo Freud, portanto, o inconsciente abriga uma série de forças conflitantes, além, é claro, das pulsões de vida e morte e das emoções reprimidas, recalcadas, conforme já vimos, mas também essas contradições inerentes à compreensão da realidade consciente, da mente em vigília, envolta pela realidade reprimida.

Como consequência dessas contradições e repressões, os seres humanos entram no conflito psicológico diretamente ligado ao sofrimento humano, onde passam a viver e conviver em estados leves ou graves de depressão, neurose, angústia e tantas outras formas de insatisfações.

2. TRATAMENTO: A PSICANÁLISE E O INCONSCIENTE

Conforme vimos, o inconsciente não é acessível, e os conflitos vivenciados internamente se tornam aparentes nos sintomas que se manifestam no plano consciente, gerando muitas vezes um sofrimento emocional como resultado de tais conflitos inconscientes. Como dizia Freud, não podemos ficar constantemente lutando contra nós mesmos, enfrentando emoções recalcadas, batendo de frente com a pulsão da morte e não sentir turbulência emocional.

Como forma de tratamento dos distúrbios psicológicos, Sigmund Freud criou uma abordagem inovadora focada em lidar de uma vez por todas com os conflitos existentes no plano inconsciente, objetivando, assim, aliviar o sofrimento emocional dos pacientes enquanto os livrava das memórias reprimidas. A essa prática de tratamento inovadora Freud deu o nome de psicoterapia psicanalítica, ou apenas, Psicanálise.

A Psicanálise é um processo lento e difícil, e deve ser realizada apenas por terapeutas treinados na abordagem freudiana, ou seja, estimulando o paciente a se deitar em um divã e falar. Freud costumava, em seu consultório, sentar-se fora do campo de visão do paciente e ficava com seus ouvidos atentos para identificar toda e qualquer pista que tivesse relação com a origem dos conflitos internos vivenciados por seus pacientes.

Desde o início dos primeiros casos tratados por Freud, a Psicanálise tem ocorrido em sessões que podem levar horas e ocorrerem várias vezes por semana, podendo perdurar por muitos anos.

As sessões partem do pressuposto de que embora nossos pensamentos inconscientes não possam ser compreendidos por meio de uma simples introspecção, o inconsciente comunica-se com o consciente por maneiras distintas, podendo ocorrer uma comunicação silenciosa, manifestando-se em nossas preferências diárias ou mesmo em referências ao que nos atrai.

Os autores de *O livro da Psicologia*[18] descrevem o papel do psicanalista durante as sessões de Psicanálise:

> "Durante o processo de análise, o analista age como um mediador, procurando abrir espaço para que pensamentos silenciados e sentimentos intoleráveis venham à superfície. Mensagens que nascem de conflito entre consciente e inconsciente tendem a aparecer disfarçadas ou codificadas, e a tarefa do psicanalista é interpretar essas mensagens utilizando as ferramentas da Psicanálise".

O texto citado evidencia a necessidade de escolher um bom profissional. A capacidade de interpretar os sinais de forma mais concreta e também o meio pelo qual ele deverá transmitir a informação ao paciente, assim como a forma como tratará a causa daquele transtorno específico, deverão diferenciar um profissional do outro. Freud inaugurou um mundo novo, com muitas possibilidades, abrindo caminho para que outros psicanalistas pudessem dar continuidade ao seu trabalho ou mesmo abrir novas vertentes de pesquisa.

---

18 HERMETO, C.; MARTINS, A. O livro da Psicologia. São Paulo: Globo Livro, 2013.

Dentre as diversas técnicas para a análise da emergência do inconsciente, a pioneira, examinada profundamente por Freud, foi a análise dos sonhos. Conforme mostrado anteriormente, os sonhos do próprio Freud serviram de base para que ele escrevesse o livro A *interpretação dos sonhos*.

Nele, Freud afirmou que o inconsciente envia informações codificadas ao consciente. Uma situação descrita, e geralmente comum, relata a situação em que a pessoa sonha que está nua em público. Grande parte das pessoas enxergaria o fato como normal, uma vez que a fonte deste sonho pode ser uma memória da infância, quando esta é uma ocasião normal.

Em outra frente, no entanto, existe a possibilidade de que o sonhador sinta-se envergonhado com o fato, e mesmo que as demais pessoas do sonho pareçam ignorá-lo, reforça a afirmação de que o sonho seria, na verdade, o desejo do sonhador de esquecer o constrangimento e esquecer a censura.

3. O INCONSCIENTE SE MANIFESTA: ATOS FALHOS E A ASSOCIAÇÃO LIVRE

Outras formas conhecidas de manifestações do nosso inconsciente são os atos falhos e o processo de associação livre.

O ato falho refere-se a um erro verbal que demonstra um pensamento que estaria reprimido, ou seja, algo que o indivíduo estava pensando naquele momento, mas não pretendia dizer. Portanto, a substituição de uma palavra por outra semelhante revela total ou parcialmente o que a pessoa realmente gostaria de dizer.

A técnica de associação livre, desenvolvida por Carl Gustav Jung e utilizada por Freud, era um meio de buscar impedir que o consciente detivesse o inconsciente. A técnica consistia em um momento em que os pacientes deveriam dizer exatamente o que lhes vinha à mente ao ouvir uma determinada palavra qualquer dita por Freud. Assim, seus pensamentos mais ocultos poderiam surgir livremente sem a censura ou o bloqueio do consciente.

Os seres humanos por si só tendem a carregar consigo uma série de emoções não digeridas que buscam frequentemente emergir e fazem com que as pessoas façam o possível para, de alguma forma, mantê-las bem longe do consciente. A análise permite que essas emoções até então não digeridas venham à tona, e é muito comum que pacientes que passam por esse tipo de situação se emocionem com sentimentos e emoções que julgavam estar mais do que resolvidas e até mesmo superadas, o que pode ser muito prejudicial para o desenvolvimento saudável pessoal, profissional e social de um ser humano.

Para explicar esse momento de liberação do sentimento e das emoções reprimidas que viviam conectadas às memórias recalcadas, Freud usava o termo "catarse".

CAPÍTULO 3
SEXO SERIA O INÍCIO DE TUDO?

Enquanto investigava as causas e também o funcionamento das neuroses, Sigmund Freud concluiu que grande parte dos pensamentos e dos desejos reprimidos referia-se a conflitos de origem sexual, que estariam localizados nos primeiros anos de vida do indivíduo, ou seja, experiências provavelmente traumáticas na fase infantil, reprimidas que surgiam como sintomas já na fase adulta, marcando de vez a estruturação da pessoa.

A sociedade puritana da época considerou um ultraje Freud caracterizar a fase infantil, ou seja, a fase mais "inocente" dos seres humanos dessa forma. Ainda assim, Freud afirmou a existência da função sexual desde o princípio da vida, logo após o nascimento, assim como, afirmou que o processo de desenvolvimento da sexualidade é longo, até chegar à fase adulta, contrariando as ideias predominantes da época de que o sexo estava relacionamento única e exclusivamente para a reprodução da espécie.

Levando em consideração essa teoria de Freud em que os indivíduos, nos primeiros anos de vida, têm sua função sexual ligada à sua própria sobrevivência, portanto, o prazer seria encontrado no próprio corpo. Ele classificou, assim, o desenvolvimento progressivo em fases que se desenvolvem desde os primeiros anos de vida até uma fase próxima dos cinco ou seis anos de idade:

- Fase oral, cuja zona de erotização é a boca.
- Fase anal, cuja zona de erotização é o ânus.
- Fase fálica, cuja zona de erotização é o órgão sexual (em seguida, existiria um intervalo, ou seja, um período latente em que as atividades sexuais diminuem até atingirem finalmente a puberdade, alcançando, por fim, a próxima fase).
- Fase de latência, quando a criança desenvolve as habilidades, os valores morais e o papel culturalmente aceito, transferindo, assim, o impulso sexual para um segundo plano, tendo em vista estar focada em outras atividades, como a leitura e a escrita, as atividades artísticas, enfim, o período escolar, quando, principalmente o impulso sexual é impedido de se manifestar devido ao papel moral imposto pela educação social.
- Fase genital, em que o desejo sexual não não se relaciona mais ao próprio corpo, mas sim, no corpo do outro.

Tais afirmações escandalizaram a sociedade médica vienense que não se conformava, inclusive, com a naturalidade com que Freud tratava o assunto, ainda em pesquisa e não completamente fundamentado sobre o problema sexual das crianças.

Sobre o desenvolvimento dessas fases e a recepção dessa teoria na Era Vitoriana a doutora em Psicologia Maria Cristina Kupfer aborda em seu livro *Freud e a educação: o mestre do impossível*[19]:

19 KUPFER, M. Freud e a educação: o mestre do impossível. São Paulo: Scipione, 2001.

"O leitor familiarizado com os textos de divulgação das ideias freudianas terá certamente reconhecido nas pulsões parciais um parentesco com as conhecidas fase oral, anal e fálica. De modo geral, o que se transmite é que Freud é o responsável pela descrição do desenvolvimento afetivo-emocional das crianças. Esse desenvolvimento, ainda segundo os textos de divulgação, começaria com uma fase oral, onde predominam os interesses ligados à boca (amamentação, sucção), uma fase anal, onde os interesses se ligam ao prazer de defecar e de manipular as fezes, e uma fase fálica, em que a criança passa a se interessar pela existência do pênis. Tais fases se relacionam à predominância de uma determinada pulsão parcial, responsável pela emergência do interesse a ela correspondente. De fato, as bases para a descrição das fases de desenvolvimento são freudianas, mas sua formulação se deve na verdade a um de seus discípulos, Karl Abraham. No entanto, a ideia de uma descrição do desenvolvimento afetivoemocional está distante do pensamento de Freud. Talvez essa categoria, a do desenvolvimento emocional, tenha sido criada para marcar uma oposição em relação às descrições pedagógicas basicamente cognitivas ou intelectuais. Quer-se entender como uma criança? Leia-se Piaget. Quer-se entender o que é que sente uma criança, ou por que é agressiva? Leia-se Freud. Freud não pretendeu descrever nada parecido com o 'desenvolvimento emocional de uma criança'. No entanto, é assim que sua teoria está identificada em nosso meio. Naturalmente, deve-se esperar que em toda divulgação de ideias haja uma perda de exatidão. Um corpo que se desloca acaba por perder aceleração em decorrência da ação do atrito. Embora natural, tal constatação não deve impedir-nos de tentar resgatar essa exatidão".

Freud buscava construir uma teoria que demonstrasse o processo de construção dos seres humanos em seres sexuais, assim como ele buscou comprovar que a sexualidade poderia ser construída socialmente.

Durante a construção destas fases, diversos processos sucedem-se. Podemos destacar o Complexo de Édipo, baseado na tragédia de *Sófocles, Édipo rei*[20]. Sófocles foi um dos mais importantes escritores de tragédia grega e dramaturgos de sua época, cuja grande parte de seu conteúdo de obras se perdeu ao longo dos anos. No livro *Psicologias: uma introdução ao estudo de Psicologia*[21] (1999), os autores descrevem o Complexo de Édipo proposto por Freud como:

> "[...] a mãe é o objeto de desejo do menino, e o pai é o rival que impede seu acesso ao objeto desejado. Ele procura então ser o pai para 'ter' a mãe, escolhendo-o como modelo de comportamento, passando a internalizar as regras e as normas sociais representadas e impostas pela autoridade paterna. Posteriormente, por medo da perda do amor do pai, 'desiste' da mãe, isto é, a mãe é 'trocada' pela riqueza do mundo social e cultural, e o garoto pode, então, participar do mundo social, pois tem suas regras básicas internalizadas através da identificação com o pai".

Freud também fala de Édipo Feminino quando esse processo ocorre com as meninas tendo trocadas as figuras de desejo e de

---

20 SÓFOCLES. Édipo rei. São Paulo: LPm, 2016.

21 BOCK, A. et al. Psicologias: uma introdução ao estudo de Psicologia. São Paulo: Saraiva: 1999.

identificação. Posteriormente, Carl Jung descreve esse mesmo processo como Complexo de Electra.

1. DESENVOLVENDO A TEORIA SOBRE A SEXUALIDADE

Mais ou menos entre os anos de 1892 e 1895, Freud foi gradativamente desistindo da hipnose e utilizando o divã como um objeto confortável para seus pacientes, de forma que pudesse facilitar seus esforços em lembrar-se dos traumas que carregariam a origem de seus sintomas e problemas.

Com o paciente mais relaxado, Freud conduzia a sessão por meio de associação livre de ideias de forma a buscar as lembranças que teriam sido recalcadas pelo paciente e que seriam, a princípio, a causa de seus distúrbios.

Devido à natureza das experiências traumáticas recordadas pelos pacientes, Freud acreditava que o sexo teria grande parte na causa das neuroses, fazendo com que considerasse o desejo sexual como principal motivação do comportamento humano.

Ele afirmava que o comportamento humano é regido por um instinto sexual e por um instinto de conservação da espécie e, mesmo quando os motivos sexuais não estão necessariamente claros, eles estão sublimados em algum motivo aparente. Essa teoria está de acordo com o pensamento do metafísico Schopenhauer de que existe uma vontade universal pela sobrevivência da espécie, traduzida no sexo.

Ainda segundo Freud, a sexualidade em si não surgia na puberdade dos indivíduos, mas estaria já presente desde a vida infantil, em uma espécie de preparação para o momento do completo desenvolvimento sexual adulto. Usava como exemplos alguns atos comuns às crianças, como observar as próprias partes íntimas e as partes íntimas de terceiros, o exibicionismo dessas partes, a manipulação delas, dentre outros pontos, que seriam como pequenos indícios de que no futuro seriam utilizados como fins orgásticos ou de procriação.

A teoria freudiana se focou no quadro de sexualidade infantil para entender a sexualidade em si e os problemas causados na vida adulta pela repressão dela, assim como em problemas que se tornariam perversões sexuais completamente ligados à genitalidade e não à sexualidade.

Desta forma, ele pôde revelar que a pulsão sexual, da forma que a vemos em um adulto, na verdade, é composta pelas pulsões parciais que observamos nas preliminares de qualquer ato sexual. Antes de estar no interesse sexual e genital, elas são vividas livremente pelas crianças, cujo interesse pela questão genital não está despertado ainda no sentido de copulação.

Seguindo essa teoria, é importante destacar a questão envolvendo a repressão dos atos que correspondem de alguma forma à sexualidade infantil e à educação infantil, tendo em vista a ação do próprio educador. Conforme falado anteriormente, reprimir moralmente algumas dessas práticas pode acarretar alguns problemas de origens psicológicas. Sigmund Freud também destacou a substituição de um ato sexual por outro não sexual, ação essa que chamamos de sublimação, isto é, a dessexualização de tal ato. Com isso, Freud busca redirecionar a energia derivada de um desejo libidinoso em alguma outra ação cuja conotação não seja sexual.

Um bom exemplo se dá envolvendo o caso da pulsão anal. Em certa fase, é despertada nas crianças uma certa curiosidade sobre as fezes, ou seja, o material que é expelido por sua região anal. Não muito raro a criança deseja manusear esse material e tão logo é repreendida por seus pais. Segundo a teoria de Freud, seria mais interessante redirecionar esse desejo de manusear as fezes incentivando a criança a manusear argila, despertando, nela, suas práticas artísticas.

Desta maneira, o processo de sublimação irá atuar na criança satisfazendo suas curiosidades e necessidades e servindo de forma educativa. Assim, Freud buscou associar a sexualidade com a educação com foco na Psicanálise como ferramenta propulsora de práticas artísticas e intelectuais, trabalhando assim o processo de repressão moral e social das pulsões sexuais no ambiente escolar.

Portanto, pode-se afirmar que a teoria freudiana está completamente sustentada na estrutura da mente que chamamos de inconsciente, tendo em vista que ele atribuía que as causas de muitos sintomas ou mesmo de nossas ações estariam ligadas ao inconsciente humano, já que é nesse local que ocorre o conflito entre o superego e o id, como veremos mais à frente.

A forma de resolver esses conflitos está disposta no ego, que atua como conciliador entre os impulsos naturais e a conduta moral do indivíduo.

Como a própria teoria freudiana explica, os homens não são senhores da própria mente, mas sim, passivos a diversas formas de conflitos existentes no subconsciente, tendo em vista que tais conflitos resultem em nosso comportamento. Como forma de entendimento sobre esses conflitos, Freud constatou a importância da compreensão dos sonhos e dos atos falhos.

2. TABU DO INCESTO

O criador da Psicanálise revelou ao mundo sua própria explicação sobre a origem do tabu do incesto por meio do livro *Totem e tabu*[22] (1917). Segundo definição do dicionário Michaelis, incesto é a união sexual entre parentes (consanguíneos ou afins), condenada pela lei, pela moral e pela religião.

Baseado em um suposto modelo original da sociedade humana, a horda, Freud desenvolveu sua hipótese, comparando esse modelo de sociedade humana a uma horda de chimpanzés ou mesmo de babuínos, ou seja, um conjunto autorreprodutivo de homens, mulheres e filhos, dominado por um ou poucos homens que representariam os machos dominantes que detêm o controle da sexualidade dos demais membros mais fracos, inclusive de seus filhos e de suas filhas.

Mércio Pereira Gomes (2009), no livro *Antropologia*[23] descreve a hipótese da origem do tabu do incesto proposto por Sigmund Freud como:

> "Na hipotética sociedade humana em formação, o macho dominante, que seria o pai ancestral, é obedecido, mas, ao mesmo tempo, odiado, porque exclui os filhos dos favores sexuais das outras mulheres, suas irmãs. Um dia, os filhos se rebelam e matam o pai para obter acesso sexual às irmãs. No momento seguinte, são acometidos por um tremendo sentimento de culpa pelo parricídio, o que os faz buscar uma

22 FREUD, S. Totem e tabu. São Paulo: Cia. da Letras, 2013.

23 GOMES, M. Antropologia ciência do homem, filosofia da cultura. São Paulo: Contexto, 2008.

> expiação, a qual se realiza pela elevação da memória do pai a um *status* de respeito sobre-humano, quase divino".

Neste modelo discutido, demonstraria a origem do totem, que representa o sagrado e que, em muitas sociedades, é representado por animais, plantas e pontos da natureza. Em seguida, Gomes (2009) descreve que os filhos parricidas acabam proibindo de se casar com suas irmãs devido ao tremendo sentimento de culpa e, portanto, buscam as mulheres de outras hordas proporcionando o que foi visto como uma espécie de troca de mulheres, instituindo, portanto, grupos de parentesco, com a proibição do incesto, assim como a sociedade humana tal qual conhecemos e como a vivenciamos atualmente.

Portanto, esse modelo mitológico especulativo e não científico desenvolvido por Freud, explicaria a origem do sagrado, da reverência por outro, a universalidade do tabu do incesto e a origem do parentesco como importante parte desenvolvedora e organizadora da sociedade.

CAPÍTULO 4
A CONTRIBUIÇÃO DA PSICANÁLISE PARA A ARTE

Freud era um amante da literatura e encontrava nela uma mesma imprecisão narrativa – com certa tonalidade afetiva –, entre outras semelhanças, com a Psicanálise. Adorava dialogar com escritores e suas histórias para traçar paralelos com sua atividade.

O autor da obra seria o escritor ou seriam os leitores? Assim como, quem seria o autor da análise, seria o psicanalista ou seria o paciente? E não foram raras as vezes em que Freud considerava ter encontrado na literatura elementos mais claros e palpáveis dos dramas humanos, assim como dos sofrimentos psicológicos, do que viria a encontrar nos diagnósticos clínicos.

Na obra intitulada *Os dez amigos de Freud*[24], o autor Sérgio Paulo Rouanet destacou a relação de Freud com os autores literários e como ele usou essa semelhança e identificação enquanto identificava características precisas de diversas neuroses e outras "doenças da mente", expressas perfeitamente em diversas personagens literárias.

Na obra intitulada *Sigmund Freud*, Edson Sousa e Paulo Endo descreveram claramente a relação do psicanalista com a arte, assim como mostraram sua admiração e estudo:

---

24 ROUANET, S. Os dez amigos de Freud. São Paulo: Cia. das Letras, 2003.

> "Freud sempre foi um admirador da arte. Insistia em inúmeros momentos no fato de que muitas vezes os artistas antecipavam as verdades mais essenciais do psiquismo humano. E encontrou na obra de muitos escritores a imagem necessária para a explicação de suas teorias: em Sófocles, a imagem de Édipo, em Dostoiévski, o labirinto da culpa, e em Shakespeare, especialmente em Hamlet, a dívida em relação ao pai. Para ele as três obras-primas da história da literatura são justamente dos três autores que mencionamos: *Édipo Rei*, de Sófocles, *Hamlet*, de Shakespeare, e *Os irmãos Karamazov*, de Dostoiévski".

Em 1930, Freud ganhou um dos poucos prêmios que receberia em vida, o Goethe de Literatura, em Frankfurt, pelo reconhecimento de sua obra. Entretanto, devido sua saúde estar extremamente debilitada, quem recebeu o prêmio em sua homenagem foi sua sempre fiel escudeira, Anna. No momento do recebimento ela leu uma mensagem escrita por seu pai em que ele buscava demonstrar afinidades entre a Psicanálise com o pensamento de Goethe.

Foi por meio da arte que Freud ousou e encontrou a potência necessária para questionar o que até então era considerado inquestionável, fazendo com que a sociedade de uma época acreditasse na revisão de seus conceitos sobre o que eram consideradas verdades absolutas e imutáveis.

Em seu texto *O mal-estar na civilização*, Sigmund aborda de forma clara sua crença em que o poder utópico da arte tem de mudar a vida e levar os indivíduos a lugares impensáveis, o que, na verdade, ele buscava alcançar com a Psicanálise; é na verdade, limitável e recheado de ceticismo reflexivo. Segundo seu texto:

> "A doce narcose introduzida em nós pela arte pode apenas nos fornecer um recuo efêmero de emergência das necessidades vitais e não é bastante forte para nos fazer esquecer nossa miséria real".

Freud acreditava que o artista busca no interior de sua arte, no interior de sua obra, resgatar parte do que se perdeu, independentemente de suas ressalvas e, por meio do texto *Reflexões para os tempos de guerra e morte*, escrito em 1915, ele reafirmou seu ponto de vista de que a arte nos dá a oportunidade de repetir o jogo da vida e, portanto, devemos procurar na arte, no teatro, na literatura ou, simplesmente, na ficção em si, um substituto para o que perdemos em nossa vida.

Diz também que, somente na arte, podemos nos reconciliar com a morte. Por termos que encarar diariamente a realidade imutável que é viver e morrer, somente por meio da arte, podemos viver como heróis ou como absolutamente qualquer outra forma que consideramos mais interessante e louvável.

1. A IMPORTÂNCIA DA PSICANÁLISE PARA O SURREALISMO

Na década de 1920 surgia na França o surrealismo, um movimento com visível influência das teses psicanalíticas de Sigmund Freud, que demonstram a importância do inconsciente na criatividade do indivíduo. Esse movimento consiste em uma criação artística que exemplifica esse pensamento. A arte foge do comum, tendo como principais ferramentas a criatividade e o humor que dão forma ao impossível, ao que não pode ser real.

Seguindo a lógica de Freud, de que o homem deve libertar sua mente da imposição de padrões comportamentais e morais socialmente estabelecidos para dar vazão aos sonhos e à compreensão do inconsciente, os artistas ligados ao movimento surrealista agregaram essa lógica a outras questões, como a rejeição de valores ditados pela burguesia, desenvolvendo obras cheias de sonhos, de humor e utopias, preenchendo seu trabalho com interessantes informações que contrariavam a lógica imposta.

Segundo Freud, a arte deveria nascer do irracional, tendo em vista que a criatividade livre de vícios e amarras provém das profundezas da psique, do inconsciente humano. Freud se referia não à organização consciente social, mas sim, à arte verdadeira, que também faz parte da sociedade, da vida inconsciente, dos sonhos, cujas imagens e sensações proporcionadas e vivenciadas não devem ser tratadas com inferioridade diante das imagens e das sensações de nosso passado consciente.

O que marcou o início do surrealismo foi a publicação do Manifesto Surrealista, desenvolvido pelo poeta francês André Breton, em 1924.

Durante a década de 1920 diversos artistas do surrealismo se destacaram, como o dramaturgo francês Antonin Artaud, os pintores espanhóis Joan Miró e Salvador Dalí, o alemão Max Ernst, os franceses Marcel Duchamp e Francis Picabia, o brasileiro Cícero Dias, o português Antonio Pedro, o escultor italiano Alberto Giacometti, o cineasta espanhol Luis Buñuel e os escritores franceses André Breton, Paul Éluard, Louis Aragon e Jacques Prévert.

Em 1929, surgiram dois novos marcos do surrealismo: a publicação da revista A *revolução socialista* e o segundo Manifesto Surrealista. A década seguinte ficou marcada pelo período de expansão do movimento surrealista por todo o mundo, quando diversos artistas, dramaturgos, cineastas e escritores aderem às ideias e ao estilo surrealista. No entanto, no final da década de 1960, uma crise acaba separando o grupo.

CAPÍTULO 5
A CONTRIBUIÇÃO DA PSICANÁLISE PARA A EDUCAÇÃO

Antes de Sigmund Freud desenvolver a Psicanálise e abranger, finalmente, o estudo do inconsciente humano no entendimento de doenças mentais e do próprio homem, as ciências biológicas não entendiam a não separação entre o corpo e a mente. Nesta perspectiva, a mente humana se tornou alvo de estudos e, em grande parte devido às conclusões dos estudos freudianos, a compreensão do funcionamento biológico dos seres humanos pôde ficar um pouco mais completa.

Os resultados de Freud acerca da teoria psicanalítica não se limitaram ao âmbito das ciências biológicas ou da Medicina, pois ele procurou, desde o início de sua fundamentação teórica, relacionar todo o pensamento filosófico ao neurológico, aumentando, dessa forma, as fontes de conhecimento e também os campos do saber.

A relação entre a Psicanálise e a educação não é nova. Muito pelo contrário, ela teve seu início lá atrás, quando o próprio Sigmund Freud demonstrou interesse pela pedagogia, buscando melhor compreensão dos educadores sobre o desenvolvimento de seus educandos (crianças e adolescentes). A relação entre professores e alunos pode ser comparada à relação que os educandos têm com seus pais, podendo ser de muita influência devido à admiração pela figura de autoridade – ou até mesmo essa relação pode estar acompanhada de muita resistência, caso já possua uma relação de amor-ódio com ao menos um de seus pais.

Em 1925, Freud reconheceu o interesse das aplicações da Psicanálise na teoria e na prática da educação infantil. Ainda que ele não tenha se aprofundado nos estudos deste assunto, a criança tornou-se o principal objeto desses estudos. Apesar de Freud não ter publicado estudos sobre a educação, é notável que em sua obra há uma constante preocupação com as questões relacionadas a ela.

A doutora Regina Lucia Sucupira Pedroza, em seu artigo *Psicanálise e educação: análise das práticas pedagógicas e formação do professor*, relata, por meio de uma citação de Armando, A., o pensamento de Freud sobre a problemática educacional, revelando aspectos aos quais ele destacava:

> "O problema da educação sempre esteve presente no pensamento de Freud, sendo o texto de 1927, 'O futuro de uma ilusão', considerado como testamento pedagógico. A pressão que a sociedade exerce sobre o indivíduo desde sua infância, a partir da educação, faz com que a criança se conforme a uma realidade, que, é, de regra, a de dissimular sua investigação e seu conhecimento de tudo o que possa se relacionar à sexualidade. A finalidade da educação é a instauração do princípio de realidade, ou seja, é permitir ao indivíduo, submetido ao princípio do prazer, a passagem de pura satisfação das pulsões para um universo simbólico, que faz referência a uma lei, a lei da castração. A entrada no universo simbólico se dá pela linguagem. É pela mediação da palavra, à qual, desde sempre a criança encontra-se submetida, que é possível a simbolização das relações afetivas (ARMANDO, 1974)".

Ao destacar a Psicanálise como marca humana, torna-se possível uma maior aproximação com as questões educacionais, fazendo ainda com que professores deem mais importância às expressões praticadas pelas crianças, assim como ao que eles mesmos dizem a elas.

Outros autores abordaram a contribuição da Psicanálise para a educação, como a psicanalista francesa Maud Mannoni, que observou algumas resistências existentes na relação do professor com o aluno, como uma barreira entre um professor "sabe-tudo" e um aluno "sabe nada". O que ocorre é que o professor geralmente possui um ideal pedagógico que traz consigo desde o início, mas que confronta com o que ele espera do aluno, que muitas vezes não corresponde, pois todos somos uma soma de nós e nossas experiências de vida. Todo aluno chega à sala de aula com uma bagagem de vida e de conteúdo intelectual diferente, independentemente do que deveríamos saber em cada série que cursamos. E, muitas vezes, o não saber frustra os professores, pois terão maior dificuldade para ensiná-los, assim como em outras vezes são os alunos que se defendem, com medo de se verem frustrados com um trabalho infrutífero.

O professor representa uma figura para o aluno, muitas vezes, de um ideal a ser seguido, mais pelo que ele é, do que propriamente pelo que ele fala. É uma relação trabalhada pelo inconsciente dos alunos. Um aluno que consegue desenvolver na escola (além da sua inteligência e de sua saúde física) uma sensibilidade relacional, poderá crescer como um adulto mais saudável emocionalmente, alguém que sabe se relacionar com adultos e crianças de forma positiva em diálogo permanente.

Regina Lucia Sucupira Pedroza, no mesmo artigo, retrata uma possível boa relação da Pedagogia com as diversas situações vivenciadas no grupo escolar:

> "A criança, ao chegar à escola, traz consigo uma experiência relacional vivida com a família, com um inconsciente com todas as suas frustrações e recalcamentos de seu drama interior, com seus desejos, sua história, se exprimindo pela sua simbolização. A Pedagogia, portanto, poderia procurar se articular com essa expressão simbólica do aluno a partir das múltiplas situações oferecidas pelo grupo escolar e suas diferentes formas de atividade, oferecendo à criança oportunidade de verbalizar suas tensões. É dessa maneira que a Psicanálise pode ajudar o educador, permitindo a possibilidade de uma compreensão em profundidade do sujeito, no que ele tem de mais pessoal e de mais íntimo. Para tal, é necessário que a escola não mantenha os alunos numa relação de submissão passiva à autoridade do professor. Este deve lembrar que as dificuldades encontradas pelo aluno, na escola, podem ser de origem afetiva. A relação professor-aluno depende, em grande medida, da maturidade afetiva do professor. Se esta lhe permite resolver suas próprias dificuldades, ele poderá ajudar a criança a viver e a resolver as suas".

Mais uma vez, o autoconhecimento se fazendo presente. Não só no caso dos professores, mas qualquer profissional que se conheça, esteja feliz e bem resolvido consigo mesmo poderá efetivamente desempenhar um trabalho melhor e mais produtivo em sua área, plantando bons frutos para colhê-los mais à frente.

No fim da década de 1920 e início da de 1930, surgiram os grupos de análise da personalidade profissional, criados pelo psicanalista húngaro Michael Balint, com o intuito de trabalhar com os trabalhadores sociais e com os médicos, mas que posteriormente trabalharam com os professores também.

Um dos maiores desafios na formação do professor é compreendê-lo para que possa assumir sua condição de sujeito, de saber que deverá ser atuante em sala de aula em diversos aspectos. Tornava-se necessário desenvolver um trabalho com professores que tivesse foco não somente na formação do professor, mas na formação da pessoa do professor, ou seja, compreender a construção desses profissionais com base nos processos sociais que vivenciam, para que possam se desenvolver como agentes do processo de construção do conhecimento que leva à formação de sua personalidade, assim como a personalidade dos alunos envolvidos.

Essa formação não é simples e exige comprometimento para pensar sempre em práticas educativas que possam ser formativas dos sujeitos. Para compreendermos melhor a importância da teoria psicanalítica e, principalmente, o tamanho da ousadia dos conceitos discutidos por Freud, precisa-se entender a época em que ele viveu, a Era Vitoriana.

1. O REINADO DA RAINHA VITÓRIA. O INÍCIO DA PSICANÁLISE.

A Era Vitoriana foi o período do reinado da rainha Vitória, que abrange meados do século XIX, de 1837 até 1901.

A sociedade nessa época era pródiga em moralismos e disciplina, carregada de preconceitos e proibições rígidas. Nesse período, as pessoas carregavam valores "puritanos" como a dedicação ao trabalho e à defesa da moralidade, assim como os deveres da fé e o descanso aos domingos tinham grande importância.

A sociedade era extremamente machista e as mulheres viviam para servir seus maridos, pois os homens eram supervalorizados tanto nos espaços públicos quanto nos espaços privados, onde as mulheres deviam ser submissas e dedicar-se-iam exclusivamente à manutenção do lar e à educação dos filhos.

Caso as mulheres demonstrassem algum tipo de insatisfação, em qualquer esfera, isso era considerado um distúrbio de ansiedade, sendo necessário um tratamento com medicamentos e Psicanálise. Existem ainda situações em que as mulheres com melhores recursos financeiros tinham seu distúrbio tratado por "especialistas", que as estimulavam sexualmente com as suas mãos.

Um exemplo comum para ser dado que comprova como a sociedade era extremista e levava a moralidade a um patamar diferente: o escritor e poeta Oscar Wilde foi condenado a dois anos de trabalhos forçados com o Lorde Alfred Douglas por terem mantido um caso amoroso.

A "moralidade" vivida nesse período teria levado o psicanalista Jacques Lacan, posteriormente, a dizer que sem o reinado da rainha Vitória a Psicanálise provavelmente não teria existido, afinal, foi seu reinado que tornou necessária a existência do que ele chamou de "despertar".

A castidade era considerada uma virtude, pois o sexo era alvo de repulsa e diretamente relacionado a paixões de caráter animal e ligado à carne.

Na Era Vitoriana, também, houve um abandono considerável da ruralidade, pois foi nesse período que o número de habitantes das cidades finalmente ultrapassou o número de habitantes das aldeias, fazendo com que a partir da década de 1850 o número dessa população rural diminuísse ainda mais, mesmo com a manutenção estável do número de camponeses. Já em 1880, a população rural constituía apenas 10% da população total ativa.

Com o aumento da industrialização, originou-se uma classe média burguesa, o que influenciou as normas culturais, o estilo de vida das pessoas e os valores morais instituídos na sociedade. Diferente do que ocorria anteriormente, a vida profissional e a vida pessoal passaram a ter um cunho distinto, inclusive geograficamente.

Com essas mudanças sociais, aos poucos, a vida familiar inglesa tornou-se muito mais compartimentada; e o lar era uma estrutura autossuficiente que atendia a família de vínculo imediato, mas eventualmente podia abrigar outras relações de sangue.

Mas aos poucos o conceito de privacidade passou a ser mais dominante e as casas passaram a ser mais fechadas. A burguesia vivia escondida atrás de cortinas, desconfiando de tudo e todos, abrindo suas portas apenas em eventos como festas particulares ou para o tradicional chá. As pessoas não se conheciam mais e os vizinhos não faziam mais parte da vida uns dos outros, o que aumentava a conotação de possíveis mistérios nas residências, já que ninguém sabia o que de fato ocorria dentro das casas.

Sobre as dificuldades enfrentadas por Freud para desenvolver sua teoria psicanalítica em meio à Era Vitoriana, o analista e psiquiatra psicanalítico argentino, mas brasileiro de coração, Maurício Knobel falou em um artigo intitulado *Freud: um moralista que descobriu caminhos de liberdade*, publicado no jornal Folha de S.Paulo, no final da década de 1970:

> "Então, imagine-se o que foi isso no período Vitoriano em que Freud viveu, onde a repressão sexual era brutal. Pesquisando ele notou que todo mundo tinha problemas sexuais, uns mais outros menos. E daí, mais do que qualquer outra pessoa até então, ele começou a falar muito mais livremente sobre sexo. Em 1905 ele escreve 'Três Ensaios sobre uma Teoria Sexual', um dos livros clássicos, onde ele principia a estudar a sexualidade da criança, do adolescente e do adulto, e toda a importância que tem a repressão da sexualidade. Ora, tudo isto, provocou uma reação tão violenta contra Freud que ele precisou isolar-se do meio científico para continuar trabalhando com as pesquisas e com os discípulos".

Com esse perfil social em mente, entendendo melhor a época vivida, podemos mais bem compreender o caminho trilhado historicamente por Sigmund Freud até se tornar o pai da Psicanálise. Sua teoria seguiu viva e invadiu as academias, consultórios, debates, palestras, pesquisas e, por que não?, as casas dos leigos.

Freud foi o único dos que tiveram a coragem de levar para dentro dos círculos intelectuais, muitas vezes inacessíveis por um continente mergulhado na Era Vitoriana, a ideia de que os instintos sexuais têm influência sobre nossos problemas, nossos medos, nossas angústias, sonhos e, consequentemente, em nosso comportamento social e individual.

2. A INFLUÊNCIA DA PSICANÁLISE NA FORMAÇÃO DO PROFESSOR

A Psicanálise pode agregar muito valor ao sujeito, permitindo que ele reencontre a autoestima enquanto passa a conhecer a si mesmo, retome seu próprio discurso, tornando-se o autor de suas próprias ações e desejos e vá ao encontro da realidade da vida. O sujeito possui história própria, social e cultural, assim como se torna consciente de seu inconsciente e descobre instrumentos teóricos e práticos, adaptando-se ao contexto escolar na formação do professor.

Regina Lucia Sucupira Pedroza aborda, ainda, no artigo *Psicanálise e educação: análise das práticas pedagógicas e formação do professor*, a importância da contribuição da Psicanálise na formação do professor:

> "A contribuição da Psicanálise, cujas origens como teoria encontram-se na prática clínica, certamente não é a de uma aplicabilidade direta às situações educativas. No entanto, sua contribuição está na possibilidade de trazer ao consciente, a partir da análise das práticas educativas, conteúdos do inconsciente do professor de forma a elucidar o porquê de algumas ações em sala de aula. Portanto, a importância da Psicanálise na formação dos educadores não está no sentido de lhes proporcionar mais uma técnica pedagógica, desenvolvida a partir de uma teoria desvinculada da prática, mas, sim, de remeter-lhes a um constante questionamento sobre sua prática pedagógica e sua relação com o educando".

Esse aspecto é de suma importância, e diversos educadores trataram desse tema que até hoje tem seus defensores. De forma semelhante a esse pensamento, eis que surge Edgard Morin (pseudônimo de Edgar Nahoum), um antropólogo, sociólogo e filósofo francês judeu.

Morin tratou necessidade da "autoética", que traz consigo resquícios da Psicanálise, pois busca contribuir para que o professor entenda sua ideia no fazer educativo, transcendendo a noção do dever, da responsabilidade e de seu compromisso exercitando a complexidade ética. De acordo com Morin, a "autoética" depende do exercício constante da autocrítica e autorreflexão, direcionando o sujeito a trabalhar pelo pensar bem e pensar-se bem.

> "O conhecimento é, com efeito, uma viagem que se efetiva num oceano de incerteza salpicado de arquipélagos de certeza.(MORIN, Edgar)".

Os professores, diante de seus alunos, são referência e suas atitudes no fazer educativo serão modelos de ações. Portanto, transformar ações educacionais em apenas um dever cumprido pode encaminhar o sujeito-professor à cegueira, à ilusão ética e a mentir para si mesmo.

Morin esclarece ainda que existem inúmeras formas de dever, mas declara que a auto-ética engloba decisão e reflexão e declara:

> "Falo de auto-ética, de socioética, de antropoética e de ética planetária. Isso porque vejo o indivíduo, a sociedade e a espécie como categorias interdependentes. Diante de toda complexidade contemporânea não há como descartar alguma dessas perspectivas. O problema atual da ética não é o dever, a prescrição, a norma. Não precisamos de imperativos categóricos. Precisamos saber se o resultado de nossas ações corresponde ao que queríamos para nós mesmos, para a sociedade e para o planeta. Já sabemos que não basta ter boa vontade, uma vez que em nome dela foram cometidas inúmeras ações desastrosas. A minha ética é uma ética do bem pensar e está implícito nisso toda a minha ideia de pensamento complexo.(MORIN, Edgar, 2000)".

Morin não poderia ter sido mais claro em sua fala. Um posicionamento que vai além da profissão de professor. A "auto-ética" à qual ele se refere é universal e deveria estar em todas as profissões e em todos os meios pessoais também.

Sobre o ministrar aulas, compreendemos que a dificuldade maior não está na elaboração dos instrumentos avaliativos, mas na verdade, na concepção, no entendimento pelo próprio professor. Muitos ainda acreditam que *avaliação* deve ser sinônimo de *prova*, mas o ato de avaliar algo exige do professor, antes de tudo, o ato de reflexão.

Para o doutor em educação José Carlos Libâneo, a avaliação deve ser considerada também:

> "Um termômetro dos esforços do professor. Ao analisar os resultados do rendimento escolar dos alunos, obtém informações sobre o desenvolvimento do seu próprio trabalho. O professor pode perguntar-se: Meus objetivos estão suficientemente claros? Os conteúdos estão acessíveis, significativos e bem dosados? Os métodos e os recursos auxiliares de ensino estão adequados? Estou conseguindo comunicar-me adequadamente com todos os alunos? Estou dando a necessária atenção aos alunos com mais dificuldades? Ou estou dando preferência só aos bem-sucedidos, aos mais dóceis e obedientes? Estou ajudando os alunos a ampliarem suas aspirações, a terem perspectivas de futuro, a valorizarem o estudo?".

Estes questionamentos estão relacionados à "auto-ética" apontada por Morin e, consequentemente, ao exercício da Psicanálise na formação do professor. Conforme citado anteriormente, foram vários os autores que trabalharam as consequências da Psicanálise na educação, fazendo ainda com que a ética estivesse cada vez mais presente na qualidade de ensino.

O doutor em Filosofia Antônio Joaquim Severino falou sobre ética e sobre a manutenção do respeito da dignidade da pessoa humana no livro *Ética e formação de professores – política, responsabilidade e autoridade em questão*[25]:

> "A exigência da necessidade ética emerge no exercício da ação interpessoal, ou seja, ela se impõe prioritariamente quando está em pauta o agir em relação a outras. E seu surgimento e instauração se constituem em referência ao reconhecimento e respeito da dignidade da pessoa humana. Daí que o fundamento de toda eticidade se encontra exatamente na exigência de não se ferir a dignidade pessoal dos outros sujeitos quando interpelados pela minha ação. [...] ela (a educação) é lugar onde se faz ainda mais necessária a postura ética, tal o potencial que tem de agredir a dignidade do outro, dos educandos. A exigência de eticidade assume dimensão de radicalidade na prática educativa".

Essa pequena explanação está na introdução de seu livro, mas se faz tão refrescante em meio aos tropeços da realidade educacional e corresponde perfeitamente a um sujeito cuja vida profissional e pessoal está diretamente ligada à reflexão, à autocrítica, exercício esse que somente se torna possível e palpável com a introdução da Psicanálise, ainda que inconsciente.

A Psicanálise nos remete a um processo de constante retorno a nós mesmos. Ela anda lado a lado com a educação a partir do

25 SEVERINO, A. et al. Ética e formação de professores - política, responsabilidade e autoridade. São Paulo: Cortez, 2011.

momento que privilegia a escuta da palavra e também a relação do sujeito com o saber, demonstrando uma preocupação com a pessoa em sua individualidade.

3. A INFLUÊNCIA DA EDUCAÇÃO NOS CASOS DE HISTERIA

Freud, na realidade, não escreveu muito sobre a influência da Psicanálise na educação. Certa vez, chegou a afirmar que educar é uma tarefa impossível, devido à grande subjetividade inconsciente de cada indivíduo. Entretanto, por meio da Psicanálise, podemos entender a problematização do excesso de poder e também do excesso de repressão no processo educacional, podendo desenvolver, inclusive, diversas histerias nos indivíduos, partindo do pressuposto de que muitas dessas histerias estariam ligadas ao período em que as crianças estão desenvolvendo em seu processo de aprendizagem a interação social.

Ao falarmos de educação, não podemos, de forma alguma, esquecer a própria educação que Sigmund Freud teve. Ele era extremamente dedicado aos estudos, antes, durante e depois do horário que frequentava a escola. Não somente seus pais depositavam muitas expectativas nele, mas também, ele mesmo se cobrava bastante e acreditava desde cedo que seus estudos garantiriam seu futuro e o impediriam de cair em uma mediocridade intelectual.

Quando formado em Medicina, especializou-se em doenças mentais, trabalhando com psicoses, histerias, neuroses, dentre outras. Na época, os tratamentos eram focados em hipnoses, eletroterapias e massagens, basicamente. Nesta área, ele obteve particular destaque também, pois não se limitava ao simples atendimento, mas se focava também no entendimento das causas dos sintomas que ele tecnicamente classificava e descrevia de cada paciente.

Com seu trabalho ele pôde concluir que existe uma relação entre o trauma e os sintomas. O trauma seria o fator desencadeante dos sintomas, mas que provavelmente teria sido reprimido pela pessoa e afastado do estado de consciência, indo assim, ser guardado no inconsciente.

Na Era Vitoriana, conforme já apresentado, o sexo era um tabu, algo vergonhoso e não dialogado, o que poderia aumentar as chances de que o sexo estivesse ligado a esses traumas, devido à pressão social constante e ao sentimento de vergonha que pairava na sociedade, relacionados à noção de pecado e repressão da sexualidade. O que fazia com que Freud pudesse concluir que alguns distúrbios da sexualidade resultassem dessa educação rígida e moral.

Freud não pregava a banalidade do sentimento de moralidade, mas problematizava, sim, o excesso de moralidade que assolava a sociedade vitoriana e as consequências psicológicas nas pessoas. Ou seja, ele aceitava a ideia de que da mesma forma que os seres humanos buscam o prazer, eles encontram o desprazer, isto é, o ser humano por si só já possui um recalque natural, existente nas estruturas mentais, que busca um controle sobre o comportamento, mantendo assim naturalmente o homem como indivíduo cultural, preservando seus instintos sexuais naturais e seus instintos culturais.

Quando Freud desenvolveu a Psicanálise destinada a tratar os comportamentos compulsivos e diversas doenças com natureza psicológica cuja motivação orgânica não era comprovada, ele acabou por se interessar por alguns casos específicos. Interessante é notarmos que as causas encontradas para os sintomas nesses casos, hoje, seriam provavelmente consideradas normais, mas para a sociedade vitoriana, com o excesso de repressão, vergonha, culpa e pecado, fazia com que situações hoje cotidianas pudessem, naquela época, ser potencializadas de tal forma a afetar a saúde psíquica e física dos indivíduos.

Freud se interessou pelo caso de uma paciente, relatado por seu colega especialista em doenças nervosas Josef Breuer. A paciente de Breuer, Bertha Pappenheim, usava em sua ficha médica o pseudônimo Anna O. Com 21 anos, era extremamente depressiva e hipocondríaca, o que na época chamavam de "histeria" em alguns momentos.

Anna O. acreditava ser paralítica e em outros momentos não conseguia beber água, não conseguia se comunicar em seu próprio idioma, o alemão, e acabava por recorrer ao inglês e ao francês para se fazer entender. Durante o tratamento com hipnose, Breuer ouviu relatos de sua infância, o que a fez sentir-se bem melhor após o transe hipnótico. Breuer aceitou compartilhar com Freud o seu método terapêutico denominado "catarse", que consistia em utilizar da hipnose para direcionar o paciente a recordar o trauma psicológico vivenciado anteriormente, sofrendo o que ele chamou de descarga emocional que levaria à cura.

Outro caso que despertou o interesse de Freud foi o de Lucy R. Essa paciente era governanta na casa de um empresário vienense e sofria de uma série de alucinações olfativas acompanhadas de depressão. O cheiro que ela sentia quando alucinava era o de um charuto. Durante o tratamento, Freud foi desenterrando camadas da memória inconsciente de Lucy R., encontrando episódios traumáticos, mas não relacionados, até que Freud chegaria ao episódio traumático real. Esse episódio ocorreu durante um jantar da família e, em certo momento, Lucy foi repreendida rispidamente por seu patrão, enquanto ele desfrutava de um charuto. O trauma ocorreu naquele momento, pois a governanta estava apaixonada pelo seu patrão e acreditava piamente que seu amor era correspondido, o que o episódio provou o contrário.

Se tal situação fosse vivida nos dias atuais, é possível afirmar que seria improvável despertar algum distúrbio psicológico na governanta, pois a situação social que vivemos hoje difere bastante da vivida naquela época.

Agora, outro caso conhecido, acompanhado por Freud, é o da senhora Elisabeth Von R. que tinha muita dificuldade para andar por causa de dores que sentia nas pernas. Suas dores começaram devido a uma situação conflitante. Ela tomava conta de seu pai que estava doente, e em uma noite saiu para uma reunião, esperando encontrar uma pessoa por quem ela tinha interesses afetivos, e ao retornar à sua casa, o estado de saúde de seu pai havia se agravado profundamente. Foi quando se deu uma incompatibilidade interna de sentimentos, devido à alegria de ter se encontrado com a pessoa amada e a tristeza e a culpa, vinculadas à piora na saúde de seu tão amado pai, causando um conflito emocional.

Com as experiências adquiridas nos tratamentos dos casos relatados acima, assim como de outros casos analisados por Freud, ele pôde concluir que grande parte dos traumas de seus pacientes estava, de certa forma, conectada à repressão da ideia erótica, devido à conexão de que, em algum momento, algum fator relacionado à sexualidade entrou em conflito com alguma outra situação traumática.

Deste modo, as emoções conectadas àquela ideia erótica se transformaram em uma ferramenta que causava intensificação de dores físicas ou alucinações. A isso Freud chamou de mecanismo de defesa, por se tratar de processos subconscientes que permitem à mente encontrar alguma solução para os conflitos que não foram resolvidos no âmbito consciente. Todo esse sofrimento dos pacientes poderia ter sido amenizado ou até mesmo eliminado por completo caso a educação da Era Vitoriana fosse mais aberta e diversos assuntos não fossem proibidos ou tratados como vergonha e pecado.

CAPÍTULO 6
A CONTRIBUIÇÃO DA PSICANÁLISE PARA O DIREITO

É sabido que o Direito sempre buscou ajuda em outras ciências ou disciplinas, como a História, a Sociologia e a própria Psicologia, entre outras. Com o surgimento da Psicanálise, Freud apresentou ao mundo a existência do inconsciente e, após essa descoberta, muita coisa mudou. É possível dizer que o mundo já não era mais o mesmo, pois Freud comprovou que não estávamos cem por cento no controle de nossas mentes como imaginávamos estar e, consequentemente, esse conceito atingiu muitas esferas, como, inclusive, o Direito.

E a Psicanálise é muito nova se comparada à esfera jurídica. O próprio Freud já citava o discurso jurídico em 1906, quando escreveu o texto *Psicanálise e a determinação dos fatos nos processos jurídicos*, assim como utilizou de referências ou citações em outros textos, como *Totem e tabu*, por exemplo.

Repensar paradigmas e o sujeito do Direito se faz extremamente importante e necessário ao pensamento moderno, pois, ao apresentar o sujeito inconsciente, isso amplia a esfera do Direito e faz com que a interlocução entre a Psicanálise e o Direito seja mais do que necessária, apesar de todas as dificuldades conceituais.

Pudemos acompanhar a vida de Sigmund Freud, sua obra, suas dificuldades e suas vitórias, mas não podemos esquecer que, em paralelo a tudo isso, existia um movimento ocorrendo, em que sua teoria começava a ser discutida (questionada) e inserida em um contexto social real.

Portanto, no início do século passado, quando a teoria psicanalítica começava a ganhar espaço no pensamento de jurisprudência europeu e americano, o jurista Leon Petrazyck propôs a teoria da Psicologia Legal, na qual ele demonstrava que a lei é um componente do processo mental humano e, em essência, formulada por sentimentos individuais de responsabilidade e de obrigação moral.

A teoria ganharia força somente na década de 1930, quando os advogados Thurman Arnold e Jerome Frank apresentaram seus pensamentos sobre o papel dos juízes e dos advogados, baseando-se nos conceitos psicanalíticos. Além deles, muitos outros juristas escreveram buscando aplicar a Psicanálise à Criminologia da época.

A conexão entre o Direito e a Psicanálise recebeu uma grande contribuição quando o jurista e filósofo austríaco Hans Kelsen, considerado até hoje uma das principais e importantes influências do Direito, faz diversas referências a Freud em seu trabalho/texto *O conceito de Estado e a Psicologia social* – dando referência principalmente aos textos *Totem e tabu*, *Análise do Ego*[26] e *Psicologia das massas*[27].

Posteriormente, em sua última obra, a *Teoria geral das normas*[28], Kelsen reformulou alguns conceitos, aproximando ainda mais o

26 FREUD, S. Psicologia de grupo e a análise do ego. Rio de Janeiro: Imago, 1976.

27 FREUD, S. Psicologia das massas e a análise do eu. São Paulo, LPM, 2013.

28 KELSEN, H. Teoria geral das normas. Rio Grande do Sul: Safe, n/d.

Direito e a Psicanálise, pois investigou a origem das leis, pela qual sua descrição muito se parece com a de Freud, demonstrando assim que a lei jurídica e a "lei psicanalítica" podem possuir uma mesma origem.

Mas esse conceito de origem é desenvolvido posteriormente por Jacques Lacan, discípulo de Freud, que acaba construindo seu pensamento de que o inconsciente é, na verdade, estruturado como linguagem, mas sem desconsiderar o Direito na formulação de seu pensamento.

Em 1993, o professor de Direito romano Pierre Legendre e o jurista inglês Peter Goodrich promoveram em Nova Iorque um seminário sobre Direito e Psicanálise, tornando-se um marco no encontro desses dois campos.

No Brasil, o interesse pela interlocução do Direito com a Psicanálise ocorreu de forma gradativa. No entanto, apenas em 1994, em Curitiba, foi realizado o I Encontro Brasileiro de Direito e Psicanálise, com a presença de juristas brasileiros e estrangeiros. No mesmo ano, em Belo Horizonte, a possibilidade de interlocução entre esses dois campos também foi discutida.

Outro aspecto que ganhou influência psicanalítica foi o desenvolvimento de uma nova forma de entendimento da formação de criminosos, por exemplo, o que foi tratado no artigo *A importância da Psicanálise para o Direito: uma análise da formação de um serial killer sob uma perspectiva freudiana*, cujos autores Caio Murad, Iron Albuquerque e Luana Batista tratam da importância da Psicanálise para o Direito moderno, analisando a formação de um *serial killer* sob uma perspectiva freudiana com base nos estudos das fases sexuais, propostos por Freud.

A proposta do artigo científico é analisar uma perspectiva diferente, se comparada às formas tradicionais de demonstrar a importância da Psicanálise dentro da realidade do Direito, refutando a teoria criminológica do psiquiatra Cesare Lombroso, na qual as pessoas já nasceriam com a predisposição para se tornarem assassinas.

Para entendermos melhor o objetivo do artigo e a contribuição da Psicanálise neste estudo, faz-se necessário esclarecer que a Criminologia é uma ciência empírica nascida em meados do século XIX e que busca estudar os crimes e os delinquentes, assim como as vítimas e a força social que as envolvem. Como eles mesmos citam no artigo:

> "Baseia-se na observação, nos fatos e práticas, mais que em opiniões e argumentos, é interdisciplinar e, por sua vez, formada por outra série de ciências e disciplinas, tais como a Biologia, a Psicopatologia, a Sociologia, a Política, a Psicologia etc." (BALLONE, 2003).

O estudo desta ciência se dá com base nas análises de duas escolas: a escola liberal clássica, que considera o delito simplesmente um ato decorrente da vontade livre e consciente do autor; e a escola positivista, que considerava o crime como consequência de um elemento sintomático da personalidade do criminoso, acreditando, ainda, na predisposição ao crime, mas que em seguida permitiu o surgimento das Teorias Psicanalíticas acerca da concepção real do crime, cujo principal defensor foi Sigmund Freud.

Segundo Murad, Albuquerque e Batista, Freud utiliza-se do estudo da Psicanálise trazendo o estudo do inconsciente como forma de inovação. Nesse estudo o crime deve ser entendido pela ótica social, considerando que, em tese, todas as pessoas possuem instintos delituosos, mas reprimidos pelo superego, formando um sentimento de culpa.

Como esses instintos reprimidos não desaparecem, eles ficam guardados no inconsciente e a ação delituosa seria uma forma de extravasar essa culpa. Os autores explicam por meio da citação feita por Jeanine Nicolazzi Philippi:

> "De fato, explica Freud, os homens não são criaturas gentis que, no máximo, podem defender-se quando atacadas, mas seres aos quais os dotes pulsionais lhes imprimem uma significativa cota de agressividade, cujos efeitos podem ser apreendidos na apropriação que fazem dos outros, utilizando-os não apenas como um ajudante ou objeto sexual, porém como um outro qualquer sobre o qual a descarga pulsional efetiva-se de diversas formas, como na exploração do trabalho, nas humilhações, torturas e mortes (PHILIPPI, 2010)".

O artigo afirma ainda a existência de estudos que comprovam que as experiências ocorridas durante os sete primeiros anos de vida direcionam o indivíduo à tomada de decisão que norteará sua existência.

Chegando finalmente na formação dos assassinos em série, ou seja, os *serial killers*, assassinos que praticam homicídios semelhantes durante certo período, foi constatado que, para a teoria freudiana, eles surgiriam decorrentes de conflitos internos do indivíduo. Uma característica comum ao assassino em série é o fato de ele procurar por vítimas semelhantes umas às outras, que são selecionadas minuciosamente e mortas seguindo um padrão.

Os autores do artigo citam, ainda, um estudo realizado pela sobrinha do apresentador Boris Casoy, Ilana Casoy, uma estudiosa dos assassinos seriais, que diz o seguinte:

> "Com relação às características dos assassinos em série e dos estudos psicanalíticos, que se desenvolvem sobre as teorias freudianas das fases sexuais, temos que 'a grande maioria dos serial killers, cerca de 82%, sofreu abusos na infância. Esses abusos foram sexuais, físicos, emocionais ou relacionados à negligência e/ou abandono' (CASOY, 2008, p. 19)".

Seguindo a teoria de Freud sobre as fases sexuais, apresentada anteriormente – fase oral, fase anal e fase fálica – um prolongamento nessas fases sexuais poderia contribuir para a formação e desenvolvimento de assassinos em série, pois, como já é sabido, o passado dos assassinos em série possui profunda influência em sua personalidade criminosa.

Porém, o prolongamento de alguma das fases sexuais não significa que o indivíduo será transformado em um assassino em série. Há exemplo de um indivíduo que teve prolongamento na fase oral e tornou-se um adulto apreciador de beijos ou desenvolveu propensão à bebida ou ao fumo. No entanto, não pode ser deixado de lado o meio social em que o indivíduo é criado, assim como a educação familiar recebida, que pode servir de modelo positivo ao seu desenvolvimento.

Murad, Albuquerque e Batista concluem com seu artigo que devido à comprovação dc que a grande parte dos assassinos em série sofreu abusos na infância (ocasionando distúrbios emocionais que somados ao prolongamento das fases sexuais aumentam a predisposição do indivíduo à prática de crimes) se torna imprescindível o estudo das teorias psicanalíticas para aumentar o conhecimento e se fundir ao estudo das ciências criminológicas, buscando o maior entendimento da mente dos assassinos em série.

Ainda que tenham deixado claro que o artigo não esgotou as discussões acerca do processo de formação desses criminosos, ao menos teria servido para refutar a teoria do "criminoso inato" proposta por Cesare Lombroso e reforçado a necessidade das famílias e do Estado proverem lares saudáveis, com muito carinho e atenção para o desenvolvimento natural do indivíduo sem elementos traumáticos, tendo em vista que poderiam implicar graves distúrbios psíquicos.

1. A MEDIAÇÃO DE CONFLITOS BUSCA SUPORTE NAS TEORIAS PSICANALÍTICAS

Na tentativa de conhecer melhor seus próprios meandros, a ciência jurídica sempre buscou auxílio para agregar conhecimento e embasamento filosófico, político e histórico. No que tange à relação entre o Direito e a Psicanálise, o foco principal sempre foi a efetivação da Dignidade da Pessoa Humana.

Como pudemos acompanhar, o surgimento da Psicanálise trouxe grande influência às ciências sociais e humanas e, claro, o Direito não poderia ficar fora disso. Com o auxílio da Psicologia e da Psicanálise, ele busca avançar no desenvolvimento de nossa sociedade, gradativamente mais dinâmica e plural, fazendo com que o respeito às diferenças se torne a cada dia uma necessidade maior e mais real.

Para a melhor compreensão da necessidade desse apoio mútuo, como já foi demonstrado no conceito de Psicanálise, é preciso esclarecer o conceito de Direito. Basicamente, e em senso comum, são as normas de conduta impostas pelas autoridades. Mas o Direito ao qual nos referimos trata-se do conjunto de normas jurídicas vigentes em um país. São essas normas que controlam as relações dos indivíduos que vivem em sociedade.

O filósofo político Norberto Bobbio definiu o Direito como:

> "O conjunto de normas de conduta e de organização, constituindo uma unidade e tendo por conteúdo a regulamentação das relações fundamentais para a convivência e sobrevivência do grupo social, tais como as relações familiares, relações econômicas, as relações superiores de poder, e ainda a regulamentação dos modos e formas através das quais o grupo social reage à violação das normas".

A psicanalista e doutora em direito civil Giselle Groeninga afirma: "[...] cabe aos psicanalistas sensibilizar os que lidam com o Direito para as questões de família, permitindo uma compreensão mais ampla dos conflitos e do sofrimento".

Tanto a Psicanálise quanto o Direito estão presentes no dia a dia dos seres humanos. A primeira busca compreender os impulsos que antecedem os atos, para descobrir o que levou o indivíduo a cometer determinada ação. O segundo atua sobre os atos gerados pelos indivíduos que refletem na sociedade.

É preciso deixar claro que a Psicanálise e o Direito enxergam o sujeito de formas distintas. O Direito enxerga o indivíduo de forma mais objetiva e a Psicanálise busca entender o inconsciente, o não expressado, o não dito.

José Mário Delaiti de Melo afirma em seu artigo A *importância da mediação e da Psicanálise como formas alternativas na solução de conflitos no direito de família*:

> "Certo é que para se viver em sociedade os homens têm que se submeter às leis, que geram restrições, porém algo sobra, ou escapa, o que causa um mal-estar. As leis foram impostas em nossa sociedade com a finalidade de estabelecer normas para uma boa convivência com as pessoas que nos rodeiam. Entretanto na grande maioria das vezes acabamos por nos tornar dependentes e submissos a ela. Se existe a lei é porque existe o desejo".

Essa afirmação é de suma importância para o entendimento da necessidade de interlocução entre as áreas do Direito e da Psicanálise; afinal, por que existe esse desejo que ele cita? A Psicanálise poderá ajudar a desvendar esse mistério.

No artigo, José Mário Delaiti de Melo coloca uma importante citação da psicóloga e psicanalista Giselle Groeninga:

> "A partir da descoberta de Sigmund Freud, de um inconsciente que é estruturado com uma lógica que é própria, tivemos acesso a outro sujeito além do sujeito de direito – o sujeito do desejo. Buscamos a integração diferenciada desses dois sujeitos, ou melhor, desses aspectos de um mesmo sujeito, e não mais a disjunção".

Faz-se necessário conceituarmos o significado de Mediação, pois ela visa facilitar o diálogo entre as partes para que possam chegar a um consenso que melhor administre seus conflitos e consigam, entre si, achar uma solução.

Em seu artigo, José Mário Delaiti de Melo utiliza a definição de mediação segundo Maria Nazareth Serpa: "[...] processo informal, voluntário, onde um terceiro interventor, neutro, assiste os disputantes na resolução de suas questões, pautado na autodeterminação das partes (SERPA, 1999, p. 90)".

A mediação surge como um novo meio de auxílio na resolução de questões judiciais familiares, por exemplo, o divórcio, a divisão de bens e a guarda dos filhos. O mediador privilegia o discurso de ambas as partes, buscando utilizar-se da Psicanálise para chegar ao âmago da questão.

O mediador trabalha de forma a não dar ênfase ao conflito entre as partes, que já estão emocionalmente feridas, mas sim em voltar o foco para como seria a melhor forma de resolver o conflito. O mediador desenvolve seu trabalho buscando fornecer meios para que o sujeito perceba sua subjetividade, para que ele encontre saídas internas e no próprio discurso (na própria vida). Não no outro sujeito.

Em casos de divórcio envolvendo filhos ou animais (o que está a cada dia mais comum), o mediador busca alternativas para que as partes consigam seguir suas vidas após o divórcio, preparando o "terreno" para criar um espaço de diálogo e respeito entre as partes.

Dessa forma, a Psicanálise consegue atuar na estrutura familiar e social dos sujeitos envolvidos, buscando melhorar sua condição de vida social e mental.

José Mário Delaiti de Melo aborda também o papel do mediador, de forma concisa:

> "O papel desse interventor seria de ajudar as partes em conflito, utilizando-se da comunicação e da neutralização de

> emoções, para encontrar opções que possibilitem o acordo. Tal técnica perpassa inicialmente pela escuta atenta, qualificada, compreensiva dos fatos e das condutas narradas. Mediar é se comportar neutro diante das partes envolvidas, mas com vigor suficiente para transmitir aos litigantes o quanto importante são as sessões direcionadas à solução do conflito".

Entretanto, é importante destacar que muitos aplicadores do Direito ainda não abriram suas mentes para a importância e eficácia da mediação; no entanto, órgãos maiores como a própria OAB SP (Ordem dos Advogados de São Paulo) já consideram a mediação como um importante meio de resolução mais rápida e eficiente, que pode diminuir e muito o absurdo número de processos abertos que aguardam parecer, pois, ainda é cultura em nosso país levar todo e qualquer conflito ao crivo do Estado-Juiz.

O mediador não indica soluções, não induz e nem mesmo decide sobre os casos. Ele apenas fornece um melhor diálogo entre as partes, utilizando como base os princípios da Psicanálise, podendo entender, inclusive, o que não é dito.

O objetivo da mediação não é afastar as partes da jurisdição, mas sim fazer com que as pessoas envolvidas resolvam suas próprias questões quando na presença de um agente mediador e, possam assim, diminuir a carga de processos abertos com essa cooperação entre as partes envolvidas.

Já no caso de conciliação, o objetivo é, por meio de concessões de ambas as partes, buscar o fim do conflito, e caso não haja acordo, a sessão se dá por fracassada. Diferentemente da mediação, na conciliação, o agente sugere comportamentos ou decisões, ou seja, opina sobre a situação apresentada.

Vale a pena ressaltar que enquanto a mediação é uma atividade privada, não fazendo parte da estrutura do Poder Público, a conciliação é vinculada ao Poder Judiciário. Existem ainda outras formas de solução de conflitos, como a negociação e a arbitragem, mas não explicarei esses casos, pois nosso foco permanece na mediação com suporte da Psicanálise.

Cada situação recebe uma indicação do meio que será utilizado para solucionar os conflitos, mas de um modo geral, por meio da mediação, as partes envolvidas tendem a terminar o conflito mais satisfeitas – tendo em vista que realizam o acordo entre si, sem imposição de terceiros e, normalmente, ainda encontram maior entendimento sobre si e sobre a situação propriamente dita, pois passam por momentos de reflexão.

Ainda há outro ponto importante: como o acordo que ocorre na mediação só é firmado após consenso entre as partes, tende a obter maior cumprimento do combinado, afinal, ambas as partes concordaram ser a melhor solução.

2. A AÇÃO DA PSICOLOGIA JURÍDICA NO MOMENTO DO DIVÓRCIO

Anos atrás, o conceito de família era muito mais simples e de fácil entendimento, pois nele existiam apenas o pai, a mãe, os filhos, os avós, os tios, os sobrinhos e os primos. Naquele tempo em que, pasmem, ainda era vergonhoso ser mãe solteira. Pois é...

Com a chegada da modernidade social, o conceito de família também mudou, e em alguns casos encontramos verdadeiros quebra-cabeças mentais referentes aos núcleos familiares. Nesta nova estrutura encontramos dentre diversos núcleos, famílias decorrentes de uniões homoafetivas, nas quais os filhos possuem pais do mesmo sexo biológico, ou seja, dois pais ou duas mães; encontramos também famílias cujos pais se divorciaram e, com o tempo constituíram novas famílias trazendo para seu núcleo uma quantidade significante de meios-irmãos e novos avós e tios – os psicólogos referem-se a esse novo organograma familiar de família-mosaico.

Com a chegada do divórcio e a constituição de novas famílias, chega também a sensação de perda para os membros da família, mas isso não precisa ser necessariamente desse jeito. Ocorre que em decorrência de problemas pessoais entre o casal, geralmente refletidos em intermináveis brigas, eles se separam, mas nem sempre em comum acordo, sendo às vezes, naquele momento, impossível uma relação amigável e, cegos pela frustração, raiva e até mesmo ódio, os pais não se atentam para o que a criança deseja.

Um núcleo familiar com pais divorciados não precisa passar por esse processo de forma desorganizada e traumática para ninguém. Esse processo poderia ser encarado de forma positiva, como uma mudança na situação de todos que poderia ser benéfica se os pais conseguissem manter o diálogo, conduzir a ruptura da melhor maneira possível, impedindo que os filhos ficassem com a sensação da perda da mãe ou, mais comumente, a perda do pai. Mas sabemos que é mais fácil na teoria do que na prática.

Os filhos acabam se sentindo desorientados e fora de sua zona de conforto, ficando divididos, sem saber em qual lado deverão ficar, e quase nunca são ouvidos pelos responsáveis por sua guarda.

Muitos psicanalistas são a favor de que a criança se torne o sujeito capaz de decidir nessa situação, para que não necessariamente assuma os desejos dos outros, mas que possa manifestar sua própria intenção.

Nesse momento, aparece a Psicologia Jurídica buscando garantir o bem emocional, moral e social da criança, mas sua atuação, muitas vezes, é dificultada pelo pai ou mãe que detém a guarda e não vê seu filho como sujeito capaz de decidir algo.

Os conflitos internos vivenciados pelo ser humano tendem a se manifestar de forma mais aguda em momentos de crise emocional – e o fato de não lidarmos com esses conflitos acaba por nos fazer buscar no outro o que acreditamos faltar em nós mesmos.

O processo do divórcio, quando acompanhado de um mediador, deverá ocorrer de forma mais tranquila no âmbito emocional, pois a presença de um terceiro indivíduo, devidamente capacitado, buscando intermediar o diálogo a fim de garantir o bem-estar das crianças, tende a ser visto de forma positiva, pois os pais costumam querer o bem de seus filhos.

É importante destacar que o divórcio deverá romper apenas o vínculo do matrimônio, mas não o laço familiar. O mediador busca a reorganização da estrutura familiar focando na transição da família, antes nuclear, ou seja, vivendo na mesma casa, para uma família binuclear, na qual os pais estão separados, vivendo em casas distintas e, portanto, os filhos do casal deverão viver nesses dois lares – importante salientar que a família binuclear não deixa de ser uma família, mas sim, uma família cujo núcleo foi dividido em dois.

A Psicanálise ganhou um papel de suma importância no processo do divórcio, que pode ser um momento muito doloroso para o casal e para os filhos. Por meio da Psicanálise, busca-se fortalecer o relacionamento entre o casal visando ao bem-estar emocional e o melhor interesse para a criança, diferente do que ocorre em um divórcio cuja responsabilidade de diálogo fique exclusivamente nas mãos dos advogados de ambas as partes, o que afasta ainda mais o casal e exclui o desejo da criança.

CAPÍTULO 7
APLICABILIDADE DA PSICANÁLISE NO DIA A DIA PROFISSIONAL E PESSOAL

Tomarei a liberdade de citar uma vivência própria, adquirida ao longo do Curso de Capacitação, Treinamento e Aperfeiçoamento de Mediadores e Conciliadores – Módulos I, II e III que realizei durante os meses de setembro a dezembro de 2011, com total de 45 horas de duração, ministrado na OAB SP ou Ordem dos Advogados de São Paulo, Subsecção de Santo Amaro.

Durante este curso, me deparei com a práxis de diversos advogados que ministraram o curso ou palestraram durante ele, assim como dos colegas que, assim como eu, participaram do curso, mas que possuíam vivência na área. Durante nossos encontros, ficou claro como a atuação de um mediador e conciliador – muitas vezes, senão todas – vai além da aplicabilidade justa para o caso e constitui-se no somatório do entendimento da natureza do conflito – muitas vezes de caráter emocional – cuja mensagem consciente está escondida e reprimida no inconsciente.

Estudamos sobre muitos assuntos jurídicos e também sobre a Psicanálise de Freud. Sobre como perceber não somente o texto, como também o contexto do conflito, nos atentando à mensagem inconsciente que nos chegará por meio do discurso e das atitudes de ambas as partes, podendo nos auxiliar no melhor desenvolvimento da nossa atuação no processo de mediação e conciliação.

Não busquei atuar nessa área profissionalmente; no entanto, minha paixão pela Psicanálise só aumentava, e pude aplicar os conceitos aprendidos no meu dia a dia pessoal e profissional, já que na época atuava como supervisor de atendimento acadêmico e financeiro em uma instituição de ensino superior de São Paulo. Tenha certeza que tive inúmeras oportunidades de desenvolver a práxis no assunto, fazendo, inclusive, com que eu passasse a atender praticamente todos os casos mais extremos que apareciam nos setores.

Pude observar que, durante os atendimentos aos alunos, algumas coisas não eram ditas, não que conscientemente os alunos buscassem escondê-las de mim, mas percebia, em não raras vezes, que havia algo inconsciente, não dito.

Com o passar do tempo, fui me aprofundando no assunto, até me tornar membro do CNPq (Conselho Nacional de Desenvolvimento Científico e Tecnológico) no Núcleo de Estudos e Pesquisa de Direito Educacional da PUC/SP (Grupo Delphos – Educação Integrativa – racional/emocional). Por meio desse grupo de estudos, desenvolvi essa paixão, que é a Psicanálise, e pude entender mais dos pensadores, mais dos outros e, principalmente, mais de mim mesmo.

A Psicanálise me apresentou elementos e proporcionou uma ampliação do meu entendimento do objeto do meu trabalho, além de uma melhor compreensão do meu entendimento em relação ao discurso de outras pessoas, principalmente, ao discurso dos alunos, aprendendo a perceber o que está por trás da fala e que não se vê de primeira.

CAPÍTULO 8
A HERANÇA DE UM LEGADO – SURGE ANNA FREUD (1895-1982)

Sigmund Freud e Martha Freud tiveram seis filhos, dentre os quais, Anna Freud, a caçula. Anna nasceu em 1895, em um momento em que nem seu pai, nem sua mãe, planejavam ter mais filhos.

Durante a infância Anna ficou conhecida por ser considerada uma criança arteira e desobediente, o que eventualmente lhe rendeu a fama de ser "o cérebro" dos seis irmãos, enquanto sua irmã Sophie seria "a beleza". Anna e Sophie viviam disputando a atenção de Sigmund, o que contribuiu para que Anna crescesse interiorizando um sentimento de inferioridade em relação aos seus irmãos, sempre buscando de alguma forma provar sua coragem, sua tenacidade e capacidade para os estudos e, assim, se tornar mais percebida por seus pais.

Em 1912, Anna concluiu sua educação básica, e no ano seguinte sua irmã Sophie se casou, o que tornou-se um motivo de alívio para Anna, que em certo momento teria se expressado assim para seu pai, comprovando o quão difícil para ela era manter as disputas intermináveis com sua irmã mais velha.

Com o passar dos anos, Anna realizou inúmeras viagens à Itália e Inglaterra, e após uma dessas viagens, finalmente passou no teste para se tornar professora do Ensino Fundamental. E foi durante esse período, em uma viagem a Londres acompanhando seu pai, que a jovem teve maior contato com a Psicanálise devido ao encontro de Sigmund Freud com o também psicanalista e biógrafo oficial dele, Ernest Jones.

Ainda em Londres, Anna se viu mais próxima de seu pai do que nunca e percebeu, enfim, que teria uma oportunidade excelente nas mãos. Nos anos seguintes, atuou como professora e como tradutora das obras de seu pai, mas somente entre 1918 e 1920 submeteu-se à Psicanálise com Sigmund e, mais tarde, em 1922, foi aceita como membro do Congresso Psicanalítico Internacional (International Psychoanalytic Congress). Entre 1922 e 1924, Anna Freud novamente submeteu-se à Psicanálise com seu pai – naquela época não era nem um pouco comum a análise ocorrer entre os membros da mesma família.

Dez anos mais tarde, Sigmund Freud tentou se justificar, explicando ter obtido êxito no tratamento de sua filha, mas na verdade, todos sabiam que ele não conseguia esconder que tudo isso havia sido feito buscando reforçar o amor e dedicação que Anna tinha por ele. Freud disse certa vez que era tão incapaz de renunciar a Anna quanto deixar de fumar.

Em 1922, Anna apresentou seu primeiro trabalho, intitulado *Fantasias e devaneios diurnos de uma criança espancada*, mas foi somente em 1927 que apresentou seu trabalho mais conhecido: *O tratamento psicanalítico das crianças*. Ela afirmava que mentes criativas são conhecidas por resistirem a todo tipo de maus-tratos.

Anna Freud foi pioneira em trabalhos com a Psicologia do ego e com a Psicanálise em crianças. Seu pai focava-se no inconsciente, o id, enquanto ela fazia com que o ego parecesse o mais importante, o protagonista quando relacionado à terapia ou à Psicanálise, sempre buscando a compreensão da interação entre o ego, o id e o superego para explorar melhor o conceito de mecanismos de defesa psicológicos – termo usado inicialmente por seu pai, em 1894, para descrever as batalhas internas do ego que podem levar à neurose.

O ego é considerado a nossa mente, normal e pensante, o adulto tomador de decisões, a voz da moralidade, a voz interna de nossos pais sobre o certo e o errado, controlando os impulsos, enquanto o id é o nosso inconsciente, é governado pelo desejo, buscando sempre o prazer e a satisfação das necessidades básicas (comida, conforto, aquecimento e sexo). Já o superego corresponde às regras sociais, tenta nos impor os valores da sociedade e de nossos pais, sempre dizendo o que devemos ou não fazer, como uma presença autoritária constante nos repreendendo por pensar ou mesmo por agir de determinada maneira conforme vimos anteriormente.

O autor Tom Butler-Bowdon, no livro *50 Grandes Mestres da Psicologia*, explica a luta do ego:

> "O ego desenvolve uma defesa para proteger a si mesmo, de forma a não ser subjugado pelas demandas do inconsciente, como sexo e agressão. O trabalho do psicanalista é conseguir fazer com que a pessoa se torne consciente de seus desejos instintivos, o que pode isolar a dor experimentada quando forem originalmente confrontados por um impulso não satisfeito".

Portanto, o ego não descansa, permanecendo sempre em estado de alerta aos perigos que podem aparecer por força do inconsciente.

Instintivamente, mesmo que sem garantias de uma saúde mental positiva o suficiente, o ego busca encontrar uma harmonia entre si mesmo, o inconsciente e o externo. Anna Freud dizia que nem sempre quando o ego ganha a batalha, quer dizer que a pessoa tenha vencido também, até porque sua vitória pode significar a criação de defesas para sua preservação a todo custo.

No momento em que um instinto natural vem à tona, o ego busca abrir o caminho e satisfazê-lo, no entanto, o superego busca impedir isso. E assim começa a confusão entre eles, quando o superego tenta empurrar para fora da linha de visão do ego um instinto considerado errado socialmente ou considerado não saudável.

No entanto, tudo aquilo que o ego não consegue incorporar no *self* acaba sendo expresso por outra forma, em outro momento ou meio, muitas vezes por traços de personalidade que não são saudáveis, podendo levar, inclusive, à neurose. O mecanismo de defesa psíquico pode, portanto, ser bastante danoso, mas nem todos os mecanismos de defesa devem ser considerados necessariamente ruins.

Anna, por meio da análise de histórias e contos infantis, observou o efeito do mecanismo de defesa das crianças, percebendo como elas mesmas se enxergam como fracas comparadas ao mundo cheio de perigos (que muitas vezes são pequenos perigos impostos pelos pais) e, portanto, compensam essa situação por meio de fantasias e da criação de papéis a serem desempenhados por elas.

Nas pesquisas de Anna pode-se ver que, no âmbito adolescente, o ego se torna um ponto de larga importância, devido ao comportamento muitas vezes antissocial com tendência ao isolamento praticado por jovens durante essa etapa considerada complicada e delicada de suas vidas. A dificuldade em realizar as vontades do ego propriamente e o aumento dos impulsos sexuais estariam conectados, pois o ego, ao identificar esse impulso como perigo, faz qualquer coisa para se resguardar, o que seria, para Anna, a explicação do porquê de os adolescentes serem extremamente autocentrados.

Com o passar dos anos e muito aprofundamento nas questões apresentadas por Sigmund Freud, Anna assumiu a edição das obras de seu pai, foi escolhida como diretora do novo instituto de Psicanálise de Viena e aos poucos foi ganhando notoriedade, colocando-a em destaque e em confronto com as ideias de sua maior rival, a também conhecida psicanalista Melanie Klein.

Exatamente como sempre buscou, mais uma vez, os laços com seu pai se estreitaram, devido ao seu ingresso no campo psicanalítico, Anna e Sigmund passaram a compartilhar os mesmos trabalhos e amigos, inclusive, a psicanalista Lou Andreas-Salomé, que era confidente de Nietzsche e passaria a ser também confidente de Anna e Dorothy Burlingham, que seria sua amiga por toda a vida.

Dorothy, inclusive, seria responsável pelo senso de maternidade de Anna vir à tona com seus quatro filhos: Bob, Mary, Tinky e Mickey, todos eles eram vítimas de distúrbios psíquicos e passaram a ser tratados por Anna.

Com o convívio dos filhos de Dorothy e inspirada pelas quatro crianças, Anna criou, juntamente com Erik Erikson, Eva Rosenfeld e Peter Blos, uma escola especial que posteriormente passou a ser frequentada por crianças cujos pais faziam análise, desenvolvendo um sistema de ensino envolto em uma elite com um senso de comunidade sustentada pela personalidade de Anna e sua pedagogia analítica.

Foi exatamente em 1923 que Anna começou a trabalhar sua prática com adultos em uma clínica e, em seguida, com crianças. Poucos anos depois, apresentou um seminário no Instituto de Treinamento Psicanalítico de Viena, cujo trabalho gerou o livro *Introdução à Técnica de Análise de Criança (1927)*. Também em 1923, seu pai foi diagnosticado com câncer e começou a sofrer crescentemente com a doença. Anna, porém, nunca deixou de estar ao seu lado, muito pelo contrário, o acompanhou nos tratamentos no exterior e tornou-se uma espécie de assessora que buscava o melhor para sua saúde e para sua imagem profissional e pessoal.

Durante o período de tratamento, os opositores aproveitavam para atacar a prática psicanalítica e por esse motivo foi criado um "Comitê Secreto" para proteger a Psicanálise contra esses ataques.

A admiração e profundo respeito que Anna Freud sentia por Sigmund fizeram com que ela continuasse avançando em suas pesquisas, que partiram do caminho indicado por seu pai, ao contrário de sua rival Melanie Klein, que nessa época inventava uma nova prática de análise infantil.

Anna era muito intensa e sentia necessidade de honrar o que fora aprendido com seu pai, mas segundo suas pesquisas, o complexo de Édipo não devia ser aprofundado nas análises em crianças devido à falta de maturidade do *supereu*. Na doutrina de Anna Freud, os laços do filho só contavam com a sua relação com o pai, ignorando por completo a relação com a mãe.

Com o passar dos anos, o reconhecimento de seu trabalho e o avanço de suas pesquisas, Anna passou a fazer parte do "Comitê

Secreto", e assim passou a se sentir parte da elite psicanalítica, fazendo com que se sentisse ainda mais próxima de seu pai, seu ídolo. Anna dizia que procurava fora dela por força e confiança, mas que na verdade, elas vêm de dentro e estavam lá, com ela, o tempo todo.

E foi na década de 1930 que Anna conseguiu finalmente dar um grande passo, abrindo um pensionato para crianças de famílias de baixa renda. Esse pensionato era dirigido por Anna e Dorothy, e assim ambas conseguiram analisar o comportamento infantil e desenvolver novos padrões conforme eles se agrupavam.

A autonomia foi testada, e no pensionato era possível analisar melhor as situações vividas. Elas puderam observar que, permitindo que escolhessem sua própria comida e se organizassem sem a imposição de qualquer uma delas, eles aprenderam a se mover sozinhos, livres e a comer e a se expressar por si próprios.

No término da década de 1930, com o avanço das tropas nazistas, mais precisamente em 1938, Anna e Dorothy se viram obrigadas a fechar o pensionato, pois a Áustria havia sido invadida pelos nazistas e, ao lado de sua família, teve que fugir da caça propagada pelos seguidores de Adolf Hitler, buscando asilo na Inglaterra.

A mudança somente foi possível devido ao suporte e a todo apoio de Ernest Jones e de Marie Bonaparte que os ajudaram com toda a documentação necessária para a emigração, mesmo tendo sido responsabilidade de Anna tratar de toda a burocracia nazista.

Sua chegada à Inglaterra foi bombástica e causou *frisson* nos kleinianos (seguidores de Melanie Klein), que estavam mais acostumados a ver o freudismo transformado e mais clássico pelo país, mas sabiam que a chegada de Anna e de Sigmund Freud provavelmente teria um peso na continuidade da Psicanálise no país. Foi nesse mesmo período que Anna lançou uma nova obra, intitulada *O ego e os mecanismos de defesa*[29], que tratava de um movimento distante dos pilares tradicionais e se focava, mais uma vez, na Psicologia do ego.

Apesar de em 1939 Sigmund Freud finalmente ter perdido a luta contra o câncer, Anna continuou suas pesquisas e foi cada vez mais ganhando seu espaço no cenário psicanalítico mundial. Na década de 1940, com o apoio de Dorothy, Anna publicou o livro *Crianças sem Família* e publicou também *Crianças Jovens em Tempo de Guerra*.

Em 1952, Anna fundou a Hampstead Child Therapy Clinic, que consistia em um centro de terapia e pesquisas psicanalíticas em que ela pôde, mais uma vez, aplicar suas teorias. Na verdade, com o passar dos anos e com toda a contestação que as obras de seu pai sofriam, Anna estava profundamente decepcionada com a evolução do movimento analítico que continuava aumentando o distanciamento do freudismo. Por exemplo, Melanie Klein, que declaradamente não concordava que os pais tenham influência direta no processo de desenvolvimento do superego, conforme afirma o freudismo. No entanto, Anna pôde contar com o apoio de muitos amigos de longa data que mantinham sua admiração e fidelidade.

Durante toda a vida, Anna continuou cuidando dos filhos de Dorothy, no entanto, dois deles não tiveram finais felizes. Após

29 FREUD, A. O ego e os mecanismos de defesa. Rio de Janeiro: Civilização Brasileira, 1978.

um longo período de depressão, Bob morreu em decorrência de uma crise de asma, provavelmente ligada à soma de assuntos pessoais e ao período de enfrentamento da guerra contra os nazistas; e Mabbie pôs fim à própria vida. A perda deles teve uma influência enorme na vida de Anna. Desde aquela época diziam que Anna e Dorothy eram amantes e que seu relacionamento, inclusive, era reconhecido e aceito por seu pai, no entanto, nada foi confirmado.

Nas décadas seguintes, Anna Freud viajou periodicamente aos Estados Unidos para visitar amigos e dar andamento às suas pesquisas, assim como também recebeu diversos doutorados honorários fornecidos por grandes instituições, como Harvard, ou mesmo um OBE da Rainha Elizabeth II, que era a melhor homenagem que poderia receber por seus feitos. É necessário ressaltar que Anna Freud teve como principal contribuição ter colocado em prática as teorias de seu pai.

O legado deixado por Sigmund Freud recebeu continuidade de sua filha. A influência que suas teorias e seus métodos tiveram no panorama psicanalítico mundial é notável e, diferente de outros seguidores, Anna Freud não abandonou a linha de pesquisa de seu pai, mas sim, colocou-as em prática, adaptou o que se fazia necessário, continuou o que considerava mais importante e serviu de exemplo.

Exemplo de como Sigmund Freud era avançado para sua época e de como seu trabalho e seus estudos puderam ser aplicados por anos a fio e serviram de ajuda para inúmeros pacientes.

Apesar de ter seu nome reconhecido mundialmente, ainda hoje muitos psicólogos, psicanalistas e médicos esquecem que tudo o que se sabe sobre o inconsciente e suas formas de atuação teve início lá atrás, com o jovem Sigmund, que devido à sua curiosidade teimou ir em frente, sem ceder às pressões dos opositores e sem se amedrontar diante de um dos maiores inimigos que o mundo já viu: Adolf Hitler.

Pois nem mesmo o nazismo foi capaz de impedir que ele continuasse seu trabalho e desenvolvesse suas pesquisas, assim como continuou produzindo livros e deixou sua marca na história da Psicologia mundial. Muitos dos seguidores de Freud utilizaram essa base desenvolvida por ele e criaram vertentes pautados em seus próprios estudos.

Apesar de toda a polêmica que Freud causou, ainda que separando psicólogos e psicanalistas devido a divergências de opiniões, ele conseguiu unir grandes nomes que posteriormente também se destacaram e serviram de porta de entrada para novos entendimentos e caminhos para a compreensão da mente humana.

Por fim, após o falecimento de Anna Freud, em 1982, sua antiga residência foi transformada no Museu Freud.

CONSIDERAÇÕES FINAIS

Em se tratando da compreensão da natureza humana, Freud definitivamente estaria na lista dos principais pensadores que contribuíram para a história do pensamento ocidental. Essa certeza em colocá-lo em tal patamar se dá pelo simples fato da extensão de seu pensamento e a natureza da transformação que ele trouxe para a Psicologia.

Antes da teoria proposta pelo inglês Charles Darwin sobre a seleção natural, a Psicologia e as Ciências Naturais estavam extremamente enraizadas na religião. Assim como físicos, como Isaac Newton, examinavam a natureza na esperança de finalmente entender os segredos do Criador, aqueles que estudavam a natureza humana o faziam com base em exigências religiosas. O fato é que a Psicologia, originalmente, não passava de uma vertente da teologia cristã.

Mesmo com a emersão da Psicologia como disciplina durante o século XIX, ela conservou muitas características da idade da fé, com raízes no pensamento de Platão e nos ensinamentos de Jesus Cristo, tendo em comum a crença de que os seres humanos são constituídos de duas distintas entidades, ou seja, o corpo animal, criado por Deus, e o espírito (mente ou alma), dado por Ele ao homem.

Certa vez, sobre a importância da descoberta do inconsciente, Sigmund Freud disse:

> "Poetas e filósofos descobriram o inconsciente antes de mim; o que eu descobri foi o método científico para estudá-lo".

A Psicologia focava-se na alma dos seres humanos, com principal interesse nos fenômenos cognitivos, como a inteligência, a memória e a percepção.

Como vimos, ao criar a Psicanálise, Freud modificou essa linha de pensamento, fazendo com que a Psicologia ficasse frente a frente, não com uma fração da existência humana, mas sim, diante do todo da vida humana. No entanto, diferentemente de Platão, que excluiu de sua filosofia os impulsos sexuais, Sigmund Freud colocou esses impulsos no centro de sua ciência psicanalítica.

Freud ousou nos colocando de frente com um dos assuntos mais fascinantes e populares no mundo, não tão somente nossa herança animal, mas, acima de tudo isso, a natureza do desejo sexual humano, analisando, por fim, a natureza da variedade de comportamentos sexuais.

Talvez por esse motivo, muitos estudiosos não hesitaram em elevar Sigmund Freud a um patamar de um verdadeiro revolucionário intelectual.

O resultado do trabalho psicanalítico de Freud em sua época era evidente. O que foi satirizado pelo brilhante cineasta e ator americano Woody Allen como a "cultura do divã" é um reflexo disso. Apesar de Sigmund Freud ter sido ateu, a Psicanálise era bastante parecida com uma religião e, como toda religião, tinha seus contestadores.

A Psicanálise dependia muito do psicanalista, não adotava procedimentos padrões e seus resultados nem sempre podiam ser comprovados, tornando ainda mais difícil acreditar na cura das pessoas por meio dessa técnica. O que ocorre também é que hoje em dia houve um avanço considerável nas técnicas e nos estudos, tornando os métodos da teoria cognitiva mais precisos, por exemplo, ao mudar o estado mental das pessoas. No entanto, o método original de Freud da "cura através da fala" proporciona escutar e analisar o que há na mente do paciente – Freud acreditava que as pessoas poderiam ser facilmente sabotadas pelo seu eu interior.

Tom Butler-Bowdon, em *50 Grandes Mestres da Psicologia*, relata sobre algumas pesquisas recentes na Royal London School of Medicine, que apresentam suporte às ideias de Freud sobre sonhos:

> "Imagens de escaneamento cerebral mostram que eles não são simplesmente produto derivado de descargas neurais aleatórias; na verdade, as áreas do límbico e paralímbico, que controlam emoções, desejos e motivações, estão bastante ativas durante o sono profundo. Sonhos são, portanto, uma função mental avançada relacionada à motivação, embora o júri queira saber se isso prova ou não a teoria de Freud de que sonhos existem para a realização de desejos".

A descoberta do inconsciente, assim como as pesquisas de Sigmund Freud, mudou o panorama intelectual e fez com que a Psicologia fosse mais interessante e popular dentre os cidadãos comuns, fazendo com que a reflexão em torno das próprias mentes fosse uma alternativa quando, parafraseando o filósofo grego Heráclito, "caminhamos em busca de nós mesmos".

Retrocedendo um pouco no tempo, na história e na origem de Sigmund Freud, ainda no século XXI podemos perceber o quão atemporal é sua história. Ele foi alvo constante de sua situação social e política. Freud era judeu e conviveu diária e arduamente com o antissemitismo que foi tão bem retratado em sua autobiografia. Logo nas primeiras páginas, já temos uma noção do que ele viveu e teve que passar por ser a figura que se atreveu a ser.

Sua contribuição para as artes, para a educação e para o Direito é notável. Vimos como a descoberta do inconsciente pôs em cheque toda uma gama de profissões, demonstrando como as práticas adotadas precisavam ser repensadas e como isso viria a melhorar o desenvolvimento profissional e pessoal de seus seguidores.

Com a comprovação desses estudos de abrangência mundial, com a aplicabilidade da Psicanálise em absolutamente todos os setores pessoais e profissionais e, sobretudo, com o reconhecimento que esse médico psicanalista recebeu no mundo, concluo que Sigmund Freud tem grande parte no todo que compõe O *Essencial da Psicologia*.